배우는 자로 살자

네비게이토 선교회는
국제적이며 복음적인 기독교 기관이다.
예수 그리스도께서는 자기를 따르는 자들에게
"너희는 가서 모든 족속으로 제자를 삼으라"
(마태복음 28:19)는 지상사명을 주셨다.
네비게이토 선교회는 세계 모든 국가에서
예수 그리스도의 일꾼들을 배가시켜
이 지상사명의 성취를 돕는 것을
근본 목표로 하고 있다.

네비게이토 출판사는
네비게이토 선교회의 문서 선교를 담당하고 있다.
본 출판사에서는 그리스도인의 영적 성장을 돕는
서적과 자료들을 출판하여,
그리스도인의 삶의 기초가 견고한
헌신된 제자로 성장하게 하고,
나아가 성숙한 인격과 지도력을 갖춘
일꾼이 되도록 돕고 있다.

배우는 자로 살자

하진승

TO KNOW CHRIST AND TO MAKE HIM KNOWN

저자: 하 진 승

한국 네비게이토 선교회 원로 회장

차 례

Ⅰ. 배움의 의미와 중요성 ················· 9

Ⅱ. 배움의 목적 ························ 19

Ⅲ. 잘 배우기 위한 준비 ················ 25
   1. 어린아이 같은 마음
   2. 착하고 충성된 마음
   3. 매일 마음을 새롭게 함
   4. 전폭적 헌신

Ⅳ. 배우는 통로와 방법 ················· 43
　1. 실패를 통하여
　2. 보잘것없는 것을 통하여
　3. 도전을 통하여
　4. 고난을 통하여
　5. 이미 아는 것을 잘 배움으로
　6. 영적 지도자를 통하여
　7. 성령을 의뢰함으로

Ⅴ. 배워야 할 영역들 ················· 67
　1. 영적 지식
　2. 영적 지혜
　3. 영적 가치관
　4. 은혜와 지식의 균형

Ⅵ. 배움의 장애물들 ················· 77
　1. 교만
　2. 두려움
　3. 성공

Ⅶ. 적용의 중요성 ················ 89
　〈적용을 위한 도움말〉

I. 배움의 의미와 중요성

수고하고 무거운 짐 진 자들아, 다 내게로 오라. 내가 너희를 쉬게 하리라. 나는 마음이 온유하고 겸손하니 나의 멍에를 메고 내게 배우라. 그러면 너희 마음이 쉼을 얻으리니, 이는 내 멍에는 쉽고 내 짐은 가벼움이라 하시니라. (마태복음 11:28-30)

위 말씀에 내포된 여러 가지 의미 깊은 내용 중에 "나의 멍에를 메고 내게 배우라"는 말씀은 제자들에게 주신 매우 중요한 교훈입니다. 주님께서는 이 교훈을 따라 배우는 일에 순종하며 사는 것이 참된 쉼을 얻는 비결이라고 말씀하십니다. 배우는 사람이야말로 이 험한 세상에서 살아갈 때 참된 평화와 안식을 누리는 가장 행복한 사람이라고 생각합니다. 언젠가 예수님께서 백성들의 병을 고치시며 말씀을 가르치실 때 이것을 본 한 여자가 "당신을 밴 태와 당신을 먹인 젖이 복이 있도소이다"라고 외치며 찬사를 보내자 예수님께서는 "오히려 하나님의 말씀을 듣고 지키는 자가 복이 있느니라"(누가복음 11:28)고 하심으로 배우는 삶을 사는 사람이 복이 크다고 말씀하셨습니다.

사람은 나면서부터 죽을 때까지 배우는 자로 살도록 하나님께서 창조하셨다는 것을 우리는 알아야 합니다. 옛적에 하나님께서 이스라엘 백성에게 그 계명을 주실 때에도 바로 이러한 관심을 가지고 계셨던 것을 봅니다. "나를 위하여 백성을 모으라. 내가 그들에게 내 말을 들려서 그들로 세상에 사는 날 동안 나 경외함을 배우게 하며 그 자녀에게 가르치게 하려 하노라"(신명기 4:10). 이와 같이 하나님께서는 그의 백성이 세상에 사는 날 동안 평생에 걸쳐 끊임없이 배우는 자로 살기를 원하신 것입니다.

제자란 배우는 사람이라는 뜻입니다. 모든 그리스도인은 자신이 예수님을 믿고 영접하는 순간부터 그리스도의 학교에 입학한 학생이라는 사실을 인식하며 살아야 합니다. 이 학교의 특징은 입학은 있지만 졸업이 없다는 것입니다. 또한 이 학교는 방학도 없습니다. 우리 그리스도인은 졸업도 방학도 없는 이

학교에서 주님의 제자로 배워야 하는 것입니다. 그리고 주님의 제자로 배우는 사람에게는 단순히 예수님이 가지신 지식이나 영적 능력 또는 어떤 특정한 기술 등 한정된 영역의 것들만 배우는 것이 아니라 예수님을 주님으로 모시고 그분께 삶의 모든 영역의 결정권을 맡기고 절대적으로 그분께 순종하고 복종하며 사는 것이 요구됩니다. 예수님께서는 요한복음 13:13에서 제자들에게 이렇게 말씀하셨습니다. "너희가 나를 선생이라 또는 주라 하니 너희 말이 옳도다. 내가 그러하다." 여기서 예수님은 자신이 선생님이시며 동시에 주님이신 것을 제자들에게 분명히 말씀하신 것입니다. 그러므로 그리스도인은 선생님 되신 예수님께 그 지식을 전수받아야 하지만 그 수준에만 머물러 있는 학생이 되어서는 안 됩니다. 우리는 주님이신 예수 그리스도의 삶과 인격 등 모든 것을 배우고 그를 닮아 가는 제자로서의 삶을 또한 살아야 하는 것입니다.

요한일서 2:6 말씀에는 "저 안에 거한다 하는 자는 그의 행하시는 대로 자기도 행할지니라" 하고 주님처럼 사는 삶을 배우라고 명령하고 있습니다. 특별히 주님처럼 사는 삶에는 주님이 가신 고난의 길을 따라가는 것까지도 포함되어 있습니다. "이를 위하여 너희가 부르심을 입었으니 그리스도도 너희를 위하여 고난을 받으사 너희에게 본을 끼쳐 그 자취를 따라오게 하려 하셨느니라"(베드로전서 2:21)고 말씀하셨기 때문입니다. 또 사도 바울은 빌립보서 3:10-11에서, "내가 그리스도와 그 부활의 권능과 그 고난에 참예함을 알려 하여 그의 죽으심을 본받아 어찌하든지 죽은 자 가운데서 부활에 이르려 하노니"라고 말씀했는데, 그는 바로 주님의 고난까지도 동참하여 배우는 데에 헌신적으로 드려져 있었습니다.

배우는 일은 어떤 막연한 선택이 아니라 하나님께서 성경 말씀을 통하여 아주 명백하게 보여 주신 엄숙한 명령입니다. 앞에서 살펴본 마태복음 11:28-30 말씀과 같이 "나의 멍에를 메고 내게 배우라"고 예수님께서는 명령하셨습니다. 또 예수님은 유대 지방의 어디를 가나 볼 수 있는 평범한 나무인 무화과나무를 두고 말씀하시기를 "무화과나무의 비유를 배우라"고 명령하시면서 일상적인 것을 보고도 배우는 자가 되라고 강조하기도 하셨습니다. 또 요한복음 13:15에서, "내가 너희에게 행한 것같이 너희도 행하게 하려 하여 본을 보였노라"고 하신 말씀은 본을 보이신 목적이 바로 삶을 그대로 본받고 배우도록 하기 위한 것임을 보여 주신 것입니다. "진리가 예수

안에 있는 것같이 너희가 과연 그에게서 듣고 또한 그 안에서 가르침을 받았을진대 너희는 유혹의 욕심을 따라 썩어져 가는 구습을 좇는 옛 사람을 벗어 버리고 오직 심령으로 새롭게 되어 하나님을 따라 의와 진리의 거룩함으로 지으심을 받은 새 사람을 입으라"(에베소서 4:21-24) 하신 말씀은 그리스도 안에서 새로운 삶을 배우라는 명령의 말씀인 것입니다.

그러므로 배우는 것을 포기하는 것은 이 모든 말씀들에 비추어 볼 때 배울 수 있는 어떤 환경을 거부하고 사람을 거역하는 것이 아니라 바로 그러한 명령을 하시는 하나님을 거역하는 것임을 알아야 합니다. 예수님께서는 "나를 믿는 자는 나의 하는 일을 저도 할 것이요 또한 이보다 큰 것도 하리니 이는 내가 아버지께로 감이니라"(요한복음 14:12)고 약속하셨는데, 이러한 놀라운 약속은 배우는 일에 충실한 사람에게만 일어날 수 있습니다. 배우는 일에 게을리 하고 배우는 일을 포기한 사람에게는 이 약속이 아무 소용이 없는 것입니다.

우리 주 예수님께서는 친히 배우는 삶에 있어서 아름다운 본을 우리에게 많이 보여 주셨습니다. 히브리서 5:8-9 말씀에 "그가 아들이시라도 받으신 고난으로 순종함을 배워서 온전하게 되었은즉…"이라고 기록되어 있는데, 예수님은 하나님의 본체이심에도 불구하고 사람의 모양으로 이 세상에 오시고 또 이 세상에 계시는 동안에는 고난을 통하여 순종을 배우시는 본을 보여 주셨습니다. 그러므로 우리가 주님의 본을 따라 배우는 일에 헌신해야 함은 너무나 당연한 것입니다.

그리스도인이 배우는 삶을 사는 것은 평생에 걸쳐서 지속되어야 하는 것이지만 특별히 젊을 때, 영적으로 어릴 때 집중적으로 배워야 합니다. 우리나라 속담에 '세 살 버릇 여든까지 간다'는 말이 있는데 잠언에도 이와 유사한 내용의 말씀이 있습니다. "마땅히 행할 길을 아이에게 가르치라. 그리하면 늙어도 그것을 떠나지 아니하리라"(잠언 22:6). 마땅히 행할 길을 아이에게 가르치면 그가 칠십이 되고 팔십이 되어도 그 배운 대로 살게 될 것이라는 말씀입니다. 그러므로 마땅히 행할 영적인 진리들도 아직 젊다고 생각될 때, 마음이 아직 덜 굳어져 있을 때, 아직 기력이 남아 있다고 생각되는 젊은 때에 더욱 집중하여 배워야 하는 것입니다.

사람은 대체로 약 25세에서 30세 정도까지의 연령이 지나면 몸의 성장이 멈추고 그때부터는 서서히 몸의 유연성이 사라져 간다고 합니다. 그리고 이때부터는 배우는 일에 대한 관심도 약해져 가는 것을 봅니다. 그런데 나이가 들면서 몸의 성장이 멈추고 굳어지는 것도 문제이지만 마음이 굳어져서 유연성이 점점 더 사라져 가는 것이 더욱 심각한 문제가 됩니다. 마음의 유연성이 사라져 버리면 고집이 세어지고 교만하여져서 자기가 틀렸을 때에도 그것을 인정하고 고치기보다는 자기를 변명하고 합리화하며 자기 생각을 굽히기를 싫어하게 되는 것입니다. 그러므로 배우기가 점점 더 어려워지게 되는 것입니다. 어떤 운동이나 기술뿐만 아니라 영적인 삶을 배우는 것도 마찬가지입니다. 나이가 들면 무언가 새로운 것을 배우고 시도하기보다는 이미 자기가 알고 있고 익히고 있는 것을 가지고 그냥 변화 없이 지내는 쪽으로 기울게 됩니다. 이렇게 되면 아무리 좋은 기술이나 방법 혹은 새로운 아이디어가 있어도 무관심하게 지나쳐 버리거나 거부해 버리고 마는 것입니다. 이렇게 마음의 유연성이 없어지는 것이 배우는 데에 있어서 큰 문제가 됩니다.

나이가 들게 되면 어떤 게임을 할 때에도 좀 어렵거나 새로이 배워야 하는 것은 그다지 즐기지 않게 되는 것을 봅니다. 대개 집에서도 보면 좀 어려운 여러 가지 게임들을 어린 딸이나 아들은 아주 즐기며 혹시 모르는 것이 있으면 열심히 배워서라도 하려고 하는 것을 봅니다. 하지만 나이가 들면 그런 것에 대한 설명을 듣는 것이 그다지 즐겁지가 않습니다. 옛날에 배워서 쉽게 할 수 있는 놀이 같은 것은 즐기지만 요즘에 새로 만들어진 복잡하고 머리를 많이 쓰는 어떤 게임들에 대해서는 별 흥미가 없습니다. 이러한 사람들의 모습을 보면서 역시 나이가 들면서부터는 간편하고 쉽고 변화 없이 살고자 하는 마음이 자리 잡게 되는구나 하는 것을 실감하게 됩니다.

중년들이나 노년들이 보수적이라는 말을 우리는 흔히 듣는데, 이것은 장점이 될 수도 있지만 새로운 것을 배우고 변화를 받는 면에서는 중대한 결점이 되는 것입니다. 마음속에는 욕심이 더욱 생기고 편하게 살기 원하며 자신이 하기보다는 남이 해주기를 바라는 버릇이 굳어질 때 이런 사람은 주님의 제자로서는 쓸모없는 사람이 되고 맙니다. 이러한 시기가 다가오기 전에, 그래도 아직 젊을 때에 배우는 일에 헌신하는 중대 결심을 해야 합니다. 자기 일생 동안 나이를 아무리 많이 먹든 또는 어떤 환경에 처하든지 배우는 자세를 잃지 않고 끝까지 배우는 자로 살겠다는 결심을 하나님 앞에서 해야 합니다. 그리고 나이를 한 살이라도 더 먹기 전에, 바로 지금 이 시간부터 배우는 일에 드려져야 합니다. 그러나 이미 나이가 많다고 배우는 일을 스스로 포기해서도 안 됩니다. 아브라함의 경우는 나이가 75세나 되었을 때 본토 친척들을 떠나 새로이 영적인 삶을 배우기 시작하였던 것입니다. 중요한 것은 바로 지금 이 시간에 하나님 앞에서 배우는 삶에 헌신하는 결단을 하는 것입니다.

Ⅱ. 배움의 목적

그리스도인이 배우는 목적은 예수님께서 이 세상에 오신 목적과 밀접한 관련이 있다고 생각합니다. 주님께서 이 땅에 오신 목적에 대하여는 여러 말씀에서 여러 표현들로 기록되어 있는데, 예수님은 요한복음 10:10에서 오신 목적 두 가지를 아주 함축성 있으면서도 분명하게 말씀하셨습니다. "도적이 오는 것은 도적질하고 죽이고 멸망시키려는 것뿐이요, 내가 온 것은 양으로 생명을 얻게 하고 더 풍성히 얻게 하려는 것이라." 첫째는 양으로 생명을 얻게 하기 위함이라고 하셨는데, 이것은 우리를 구원하시기 위한 것입니다. 둘째는 이제 구원받은 자들로 하여금 더욱 풍성한 삶을 살도록 하시기 위한 것입니다. 그러므로 구원받은 그리스도인의 배우는 목적은 한마디로 더욱 풍성한 삶을 살기 위한 것이라고 말할 수 있습니다. 이것은 참만족과 자유를 누리는 삶이며 주님께서 주시는 힘으로 말미암아 능력이 넘치는 삶이며 또한 열매가 풍성한 삶입니다. 그리스도인의 풍성한 삶은 하나님께로부터 옵니다. 하나님은 모든 풍성함의 자원이시기 때문입니다. 그러므로 우리는 삶의 모든 풍성의 근원이신 하나님을 알고 하나님과 밀접하게 교제하는 삶을 배워야 합니다. 예수님께서 요한복음 15:5에서 포도나무의 비유를 통하여 우리에게 풍성한 그리스도인의 삶의 원리를 보여 주셨습니다. "나는 포도나무요 너희는 가지니, 저가 내 안에 내가 저 안에 있으면 이 사람은 과실을 많이 맺나니, 나를 떠나서는 너희가 아무것도 할 수 없음이라." 이처럼 가지가 포도나무에 긴밀히 붙어 있을 때 신선한 수액과 영양을 충만히 공급받아 늘 싱싱하며, 결국에 탐스러운 포도 열매를 주렁주렁 맺는 것과 같이 우리도 주님과 긴밀한 교제를 가지며 동행할 때 주님께로부터 오는 능력을 충만히 힘입어 하나님의 뜻에 합당한 선한 열매, 영원한 가치가 있는 영적 열매를 풍성히 맺을 수 있게 되는 것입니다. 이와 같은 풍성한 삶이 곧 우리가 주님을 배우는 목적이 되어야 합니다.

우리가 사는 일반 사회에서도 배우는 일은 여러

분야에서 여러 모양으로 이루어지고 있습니다. 배우는 내용도 다양할 뿐만 아니라 그 목적도 다양한 것처럼 보입니다. 어떤 시험에 합격하기 위하여, 좋은 직장에 취직하기 위하여, 또는 다른 사람의 인정을 받기 위하여, 학위 취득이나 자격증을 얻기 위하여, 혹은 취미로나 즐거움을 얻기 위하여 여러 가지 것들을 배우고 있습니다. 이와 같이 표면적인 목적은 다양하지만 좀 더 깊은 목적 내지 동기를 살펴보면 지극히 제한되어 있는 것을 보게 됩니다. 한마디로 요약한다면, 대부분의 경우에 배우는 목적은 결국 자신의 유익을 추구하는 데 있다는 것입니다. 이러한 삶은 아무리 노력하며 배워 보아도 결국 풍성함을 경험하지 못하게 됩니다.

그러나 우리 그리스도인들이 배우는 목적은 이보다 좀 더 차원이 높은 데에 있어야 합니다. 우리가 매일 혹은 매주 성경 말씀을 읽거나 공부하는 목적은 과연 무엇입니까? 하나님께서 우리에게 성경 말씀을 주셔서 배우게 하신 목적은 과연 무엇이겠습니까? 한 율법사가 예수님께 율법 중에 어느 계명이 가장 중요한 것인지를 물어본 적이 있었습니다. 이에 대하여 예수님께서는 이렇게 대답하셨습니다. "'네 마음을 다하고 목숨을 다하고 뜻을 다하여 주 너의 하나님을 사랑하라' 하셨으니 이것이 크고 첫째 되는 계명이요, 둘째는 그와 같으니 '네 이웃을 네 몸과 같이 사랑하라' 하셨으니, 이 두 계명이 온 율법과 선지자의 강령이니라"(마태복음 22:37-40). 예수님께서는 하나님의 계명의 가장 중요한 목적이 첫째 하나님을 사랑하는 것이며, 둘째는 사람을 사랑하는 것이라고 분명히 말씀해 주셨습니다. 우리가 말씀을 통하여 주님을 배우는 목적도 바로 여기에 있는 것입니다. 우리가 하나님을 사랑하고 또 다른 사람을 사랑하는 일에 초점을 맞추어 배워 나갈 때, 우리가 사랑을 베푼 다른 이의 삶과 사랑의 수고를 한 우리 자신의 삶이 동시에 풍성해지며 그 결과 하나님께서 영광을 받으시게 됩니다.

이처럼 우리의 배우는 목적은 참으로 고귀하며 가치 있는 것입니다. 우리가 주님을 믿고 배운 지 아무리 오래된 사람이라 할지라도 아직도 하나님을 사랑하는 일에 부족함이 있을 것이고, 사람을 사랑하는 일에 문제점이 있을 것입니다. 그렇다면 우리는 아직도 많은 것을 더 배워야 한다는 사실을 인정해야 합니다. 매일 성경을 연구하여 성경학자가 된다든지 또는 많은 기독교 관련 서적을 저술하여 유명하게 되었다든지, 혹은 큰 무리를 이끄는 지도자가 되었다고 해서 배우는 목적을 성취한 것은 아닙니다. 언제나 중요한 것은 그 배운 결과로 하나님을 더욱 사랑하게 되었는가, 그리고 사람을 더욱 사랑하고 있는가, 또 그 결과로 풍성함을 누리게 되었는가 하는 것입니다. 주님은 사랑하지 않고 지식만 사랑하며, 사람은 사랑하지 않고 활동만 사랑하고, 일은 많이 한 것 같은데 마음에 풍성함을 누리지 못하고 있다면 그것은 배우는 목적을 잘못 알고 있기 때문에 그런 것입니다. 우리의 풍성한 삶은 하나님의 뜻을 잘 알고 그것에 합당한 삶을 배워 나갈 때 누리게 되는 것입니다. "근심하는 자 같으나 항상 기뻐하고 가난한 자 같으나 많은 사람을 부요하게 하고 아무것도 없는 자 같으나 모든 것을 가진 자로다"(고린도후서 6:10). 우리는 바로 이와 같은 삶의 비결을 배워야 합니다.

Ⅲ. 잘 배우기 위한 준비

1. 어린아이 같은 마음

무엇보다도 잘 배우기 위해서는 어린아이같이 단순하고 겸손하며 개방된 마음가짐이 있어야 합니다. 사람이 일생을 통하여 배우는 과정에서 보면 어린아이 때 가장 많은 것을 가장 빨리 배우는 것을 우리는 알고 있습니다. 어린아이들이 말을 배우는 것만 보아도 우리는 때로 깜짝 놀랄 정도로 잘 배우는 것을 봅니다. 어린아이들이 이렇게 잘 배우는 이유 중 하나는 그들의 마음이 지극히 단순하면서도 개방되어 있고 겸손하기 때문일 것입니다. 무엇이든지 배우기가 가장 어려운 때는 어떤 것이 이해가 안 되는 때보다도 마음이 개방되어 있지 않고 겸손하지 못할 때임을 우리는 스스로 인정할 수 있을 것입니다. 특별히 가르치는 사람이 영적 지도자이든 동료 그리스도인이든 혹은 자신과 별 관계가 없는 제3자이든 상관없이 그 가르치는 바를 제대로 배우지 못하는 때는 바로 가르치는 사람에 대하여 교만한 마음을 품을 때입니다.

그러나 어린아이들은 그렇지 않습니다. 예수님께서도 마태복음 18:4에서 "그러므로 누구든지 이 어린아이와 같이 자기를 낮추는 그이가 천국에서 큰 자니라"고 말씀하시면서 어린아이같이 겸손히 배우는 자의 축복을 말씀하셨습니다. 어린아이들은 배우는 일에 있어서 특별한 점이 있습니다. 첫째로 어린아이들은 모르는 것을 부끄러워하지 않습니다. 모르는 것은 무엇이든지 묻습니다. 얼마 전에 전철을 타고 가다가 한 꼬마가 자기 엄마에게 열심히 무언가를 묻는 것을 보게 되었습니다. 꼬마는 차 안의 벽과 천장에 붙어 있는 여러 가지 광고물들을 가리키면서 자기 엄마에게 읽어 달라며 계속 묻는 것이었습니다. 이것저것을 연이어 묻는 것에 그 엄마는 차근차근히 대답해 주다가 나중에는 읽어 주기가 부끄러운 것들까지도 꼬마가 자꾸 읽어 달라고 조르니까 엄마의 얼굴이 도리어 빨개지는 것을 보기도 했습니다. 이처럼 어린아이는 자기가 모르는 것에 대하여는 부끄러움이 없이 열심히 묻는 것을 볼 수 있습니다. 그런데 우리는 자존심 때문에 묻지 않고 지나치는 때도 많습니다. 질문이 별로 없는 분위기는 교만이나 무관심 때문에 생기는 것입니다.

또 어린아이는 배우는 일에 엄청난 노력을 기울이며 연습을 거듭하는 것을 볼 수 있습니다. 가만히 누워 있기만 하던 아이가 뒤집기 위하여 연습하는 것을 보면 무서운 집념을 가지고 엄청난 연습을 하곤 합니다. 그 다음에 뒤집고 나면 기는 연습을 하는데 이것을 위하여도 엄청난 노력을 합니다. 어린아이는 한 가지 한 가지를 배우기 위하여 때로는 병이 나기까지 연습을 하는 것을 우리는 흔히 볼 수 있습니다. 그런데 우리는 주님의 제자로서 과연 이렇게 병이 나기까지 열심히 배우고 있는지 스스로 돌아보고 오히려 어린아이로부터 이 면에서 배워야 할 줄로 압니다.

어린아이는 또한 가르치는 것을 자기 고집 없이 그대로 배웁니다. 단순하게 가르쳐 주는 대로 자기가 본 대로 그대로 따라 배웁니다. 그러나 어른들은 그렇지 않은 때가 많습니다. 엄지손가락만 구부리고 나머지 네 손가락은 편 채 이게 몇 개냐고 물으면 아이들은 넷이라고 하는데 어른들은 그렇지 않고 하나라고 대답하는 사람도 상당수 있습니다. 그 이유는 아래의 구부러진 손가락 수를 세었기 때문에 그렇다고 대답하는 것입니다. 어린아이처럼 단순하게 생각하지 않고 묻는 사람의 의중을 자기 나름대로의 생각으로 복잡하게 계산하기 때문에 그렇습니다. 그러나 명심해야 할 것은 영적으로 배우는 일에 있어서는 단순한 마음으로 배우지 않고 늘 자기 생각과 경험, 선입견을 고집하게 될 때 마땅히 배워야 할 것을 배우지 못하고 주님 안에서 풍성한 삶을 경험하지 못하고 마는 수가 있다는 것입니다.

베드로는 이 점에서 아주 귀한 본을 보여 주고 있습니다. 그는 어느 날 물고기를 잡으러 갔습니다. 직업이 어부인 그는 그날 밤새도록 자기가 지금까지 배운 모든 기술을 다 발휘하며 경험을 되살려서 고기를 잡으려고 애를 썼지만 한 마리도 잡지 못했습니다. 새벽이 지나고 아침이 되기까지도 전혀 고기를 잡지 못했습니다. 그의 노련한 어부로서의 경험으로는 지금 이 바다에는 물고기가 없다는 결론을 내릴 만도 한 상황이었습니다. 그런데 바로 이때에 물고기 잡는 일과는 아무 상관이 없으신 예수님께서 나타나셔서 어떻게 해야 고기를 잡을 수 있는지를 가르쳐 주셨습니다. 베드로는 이에, "선생이여, 우리들이 밤이 맞도록 수고를 하였으되 얻은 것이 없지마는 말씀에 의지하여 내가 그물을 내리리이다"(누가복음 5:5)라고 대답하고는 그대로 단순하게 따랐습니다. 자기의 경험과 생각을 고집하지 않고 가르쳐 주시는 것을 그대로 배운 것입니다. 그 결과는 "그리한즉 고기를 에운 것이 심히 많아 그물이 찢어지는지라"(누가복음 5:6) 할 정도로 많이 고기를 잡게 되었으며, 뿐만 아니라 믿음의 삶의 중요한 경험을 하게 되었던 것입니다.

만약 그때에 베드로가 "주님, 다른 것이면 몰라도 고기 잡는 일에서만큼은 제가 누구보다도 경험이 많고 잘 아는데 지금 여기는 고기가 전혀 없습니다. 지금은 어떤 방법도 소용이 없습니다"라고 하면서 주님께서 가르쳐 주시는 것을 배우려 하지 않았다면 그는 아마도 주님의 제자로 따르지 못했을지도 모릅니다. 그런데 우리들 주변에서는 자기의 경험과 생각을 고집하며 배우지 못하는 일이 자주 일어나는 것을 봅니다. 우리가 어떤 것을 알면 얼마나 알겠습니까? 그런데도 우리는 자기의 전공에 대하여 누가 이야기하면 아주 싫어하는 버릇이 있는 것을 봅니다. 자기가 더 잘 안다고 생각하기 때문에 그렇습니다. 그러나 우리는 항상 마음을 개방하여 베드로처럼 배우는 자세를 가져야 합니다. 그는 자신의 그

때까지의 경험과 지식의 테두리 내에서 안주해 버리려는 태도가 아니라 새로운 경험을 통하여 변화되기를 원한 사람이었습니다. 우리도 자신의 지식과 경험이 교만과 편견의 벽이 되어 그보다 더 귀한 것을 배우고 경험하는 기회를 놓쳐 버리는 어리석음을 범치 말아야 할 것입니다.

사도행전에 나오는 베뢰아 사람들도 배우는 데 있어서 좋은 본을 보여 주고 있습니다. "베뢰아 사람은 데살로니가에 있는 사람보다 더 신사적이어서 간절한 마음으로 말씀을 받고 이것이 그러한가 하여 날마다 성경을 상고하므로"(사도행전 17:11). 베뢰아 사람들은 사도 바울 일행이 전하는 것이 과연 그러한가, 그들이 열심히 외치는 내용에서 자신들이 놓쳐 버리면 불행해질 내용은 없는가 생각하면서 날마다 간절한 마음으로 성경을 상고했습니다. 그 결과 그들 자신의 믿음의 성장은 말할 것도 없고 그들 주변으로 계속 영적 재생산이 이루어져 나갈 수 있었던 것입니다. 이 베뢰아 사람들과 대조적으로 데살로니가에 있는 유대인들은 기본적으로 배우는 태도가 잘못되어 있었습니다. 그들은 사도 바울과 그 일행이 와서 전하는 것은 다 이단이라고 무조건 배척하며 배우려고 하지 않았습니다. 우리가 가져야 할 태도는 곧 베뢰아 사람들처럼 배우는 태도입니다.

베드로전서 2:2에 보면 "갓난아이들같이 순전하고 신령한 젖을 사모하라"고 하였습니다. 갓난아이는 순전한 젖 외에는 다른 음식에 욕심을 부리지 않습니다. 어린아이와 같은 마음으로 배우고자 할 때 또 한 가지 기억해야 할 것은 우리가 영적인 삶을 배우는 데 있어서 우리는 순전한 영적인 젖인 하나님의 말씀 외에 다른 것에 대해서는 어느 성장 기간 동안은 관심을 두지 말아야 한다는 것입니다. 성경만 안다고 하는 것은 너무 고지식한 것이 아닌가 하는 생각이 들어 여러 가지 책들을 많이 보고자 하는 사람도 있는데, 이것은 마치 어린아이가 젖은 제쳐 두고 자기에게 해로운 고기나 다른 음식을 먹겠다고 고집하는 것과 같은 것입니다. 마치 고기 자체가 해로운 음식은 아닐지라도 젖먹이 아이에게는 해롭듯이, 많은 책들은 그 자체로서는 나쁜 것이 아닐지라도 영적 성장에는 전혀 도움이 되지 않고 오히려 해만 되는 경우가 많은 것입니다. 그러므로 영적으로 어린 상태에서는 성경 말씀 섭취에 우선순위를 두어야 영적으로 건강한 그리스도인이 될 수 있습니다.

로마서 16:19 말씀에 보면, "선한 데 지혜롭고 악한 데 미련하기를 원하노라"고 하였습니다. 우리는 하나님을 기쁘시게 하는 일 즉 선한 일이라면 어떤 값을 치르고서라도 온갖 지혜를 다하여 배우겠다고 하는 선명한 목표를 가지고 배우는 일에 전심전력해야 합니다. 반면에 악한 일에 관하여는 마치 어린아이가 세상 물정을 몰라 미련하게 보이는 것처럼 그렇게 몰라야 순수하고 빠른 영적 성장을 이룰 수 있습니다. 종종 그리스도인들 중에 세상의 죄악된 일들을 너무나도 세세하게까지 잘 알고 있는 사람들이 있습니다. 그런 일을 잘 알아야 선교를 잘 할 수 있다고 생각하는 것입니다. 그러나 실상은 자신의 세상적 관심 내지 호기심을 그런 식으로 그럴 듯하게 표현하고 있는 것이지 그런 것이 실제로 그렇게 도움이 되는 것이 아닙니다. 성경에서 보여 주고 있고 진단하고 있는 세상의 실상 그 이상을 우리가 알 필요가 없으며 안다고 도움이 되는 것도 아닙니다. 그러므로 잘 배우려면 악한 일에는 무식하고 잘 몰라서 미련한 사람이 되어야 하고 선한 일에는 지혜로운 사람이 되어야겠다고 하는 마음의 준비가 있어야 합니다.

2. 착하고 충성된 마음

누가복음 19:11-27에 보면 므나의 예화를 통한 교훈이 있고, 마태복음 25:14-30에는 달란트의 예화를 통한 교훈이 있는데, 공통된 점은 모두 착하고 충성된 종과 악하고 게으른 종이 등장하는 점입니다. 이 두 부류의 종들은 주인이 시킨 대로 했느냐 아니면 자기 생각대로 고집하였느냐에 따라 각기 다른 행동을 취했고 그 행동의 결과도 달라졌던 것을 볼 수 있습니다. 주인은 하인들에게 므나 혹은 달란트를 주고 떠나면서 그것을 가지고 장사하여 이익을 남기라는 간단한 명령을 했습니다. 장사를 하라고 했으면 장사를 하는 것 이상의 생각을 할 필요가 없기에 대부분은 그 말씀을 단순하게 받아들이고 단순하게 순종하여 장사를 열심히 했습니다.

그러나 한 사람은 그 방법에 대하여 자기 생각이 강했습니다. 사람이란 자기 나름대로의 개성이 있는 것이며 방법도 나름대로 이용할 수 있는 것이지 어떻게 꼭 획일적인 방법으로만 일을 시키느냐 하면서 그 주인이 시키는 대로 하지 않고 엉뚱한 방법을 썼습니다. 그래서 수건에 싸서 그대로 두었습니다. 또는 땅에 감추어 두었습니다. 세월이 지나 결국 주인은 왕권을 받아 가지고 와서 자기 종들이 한 일을 평가하게 되었습니다. 충성된 사람은 주인이 시킨 대로 하였고, 게으르고 악한 종은 자기 고집대로 하였다가 핑계를 대며 도리어 주인의 명령이 부당했다는 식으로 대답하였습니다. 결국에 이 게으르고 악한 종은 있는 것마저 빼앗기고 바깥 어두운 데로 쫓겨나 슬피 울며 이를 갈게 되었습니다. 여기서 그의 문제는 첫째로 그의 직무유기와 연관된 게으름이었습니다. 용기가 없었든지 혹은 일 자체를 하기 싫어서였든지 그는 자기가 마땅히 해야 할 일을 하지 않았습니다. 두 번째 그의 문제는 악함이었습니다. 그는 주인의 단순한 명령에 순종하고자 하는 태도가 없었습니다. 게다가 자기의 잘못은 돌아보지 않고 도리어 그 주인이 나쁘다고 탓했습니다. 이런 사람은 항상 문제를 자기가 일으켜 놓고 결과를 다른 사람에게 전가시키는 버릇이 있습니다.

때때로 우리의 생각이 하나님의 생각보다 또는 영적 지도자의 생각보다 우월하다고 생각할 때가 있습니다. 특별히 환경이 자기의 생각과 잘 맞아 들어간다고 생각될 때는 더욱 그렇습니다. 이때 고집은 강화되어 가고 비판과 불평은 그 날개를 흔듭니다. 이 사람은 마치 자기가 창공을 날고 있는 것처럼 착각하게 됩니다. 그러나 사실은 하나님의 모든 축복과 약속들을 스스로 거부하고 어두운 파멸의 계곡으로 추락하고 있는 것을 의식하지 못하고 있는 것입니다. 그러므로 자기의 생각이나 판단력이 우월하며 굉장한 것으로 믿고 고집을 부리는 것은 어리석은 것입니다.

물론 때때로 자기 생각이 자기 영적 지도자의 생각보다 실제로 더 뛰어날 수도 있습니다. 그러나 하나님은 그 우월한 생각에 관심을 가지시는 것이 아니라 우월한 태도를 갖는 데에 관심이 있으신 분임을 알아야 합니다. 하나님이 우월하게 보시는 태도는 겸손입니다(베드로전서 5:5-6 참조). 고집스럽게 자기 생각에 집착할 때 하나님께서는 그 생각이 아무리 우월하다고 하여도 그런 사람은 사용하시지 않습니다. 하나님께서 지혜가 부족하셔서 인간의 우월한 생각을 구하시는 것이 절대로 아니기 때문입니다. 하나님께서는 하나님의 것을 그대로 받고 순종하려고 하는 우월한 마음, 우월한 태도를 가진 사람에게 인간의 어떤 지혜보다도 우월한 지혜를 주시며 그런 사람을 사용하시는 것입니다. 그렇기 때문에 하나님께서는 단순한 마음, 착하고 충성된 마음으로 배우는 일에 자신을 드리는 그 사람을 결국 하나님께 쓰임받을 수 있는 사람이 되도록 해주시는 것입니다.

3. 매일 마음을 새롭게 함

"너희는 이 세대를 본받지 말고 오직 마음을 새롭게 함으로 변화를 받아 하나님의 선하시고 기뻐하시고 온전하신 뜻이 무엇인지 분별하도록 하라"(로마서 12:2). 우리가 잘 배우려면 하나님의 온전하신 뜻이 무엇인지 판단할 수 있는 분별력이 필요합니다. 그런데 이 분별력은 머리의 명석함으로 되는 것이 아니라 마음이 새롭게 유지될 때 갖게 되는 것입니다. 마치 유리창이 깨끗할 때 밖의 사물을 명확하게 보고 분별할 수 있듯이 마음이 청결하고 건전할 때 사물을 올바른 시각으로 보고 올바른 판단을 할 수 있는 것입니다. 매일 음식을 담아 먹는 동일한 그릇일지라도 우리는 쓸 때마다 깨끗이 닦아서 새롭게 한 다음에 음식을 담아 먹습니다. 마찬가지로 우리 삶에서 매일의 아침은 우리 자신을 깨끗하게 하는 시간으로 드려져야 합니다.

우리는 예수 그리스도를 영접함으로 말미암아 근본적으로 하나님 앞에서 깨끗하고 정결한 사람이 되었습니다. 그러나 이것은 하나님 앞에서의 우리의 변화된 신분, 변화된 위치를 가리키는 것이지 우리의 실제 상태가 항상 그렇게 깨끗하다는 것은 아닙니다. 우리의 상태는 매일 새롭고 깨끗하게 되어야 하는 것입니다. 교만한 마음, 시기심, 여러 가지 유혹들, 게으름, 세상적 야심, 이런 것들이 언젠가 자기도 모르는 사이에 마음속에 차 있는 것을 보게 되는 것입니다. 이런 것을 아침이나 저녁에 혹은 순간순간 하나님 앞에 나아가서 떨쳐 버림으로 자신을 깨끗하게 또한 새롭게 준비시켜 놓을 때 하나님께서는 우리가 더욱 활기가 넘치는 가운데 하나님을 배울 수 있도록 도와주시는 것입니다.

마음속에 분노의 찌꺼기가 남아 있다든지 정욕의 찌꺼기가 남아 있을 때에는 아무리 귀한 말씀을 배워도 그것이 자신에게 도움이 되질 않습니다. 시골 같은 데 가보면 돼지에게 주기 위하여 부엌에서 나오는 여러 가지 음식 찌꺼기와 개숫물을 부어 두는 구정물통이 있는데 이것을 하루 종일 건드리지 않고 가만히 놓아두면 모든 찌꺼기가 밑으로 가라앉습니다. 그러면 그 위의 물은 말갛고 깨끗하게 보여 전체가 깨끗한 물처럼 보이기까지 합니다. 그러나 이 구정물을 조금만 흔들거나 저어 놓으면 밑에 가라앉아 있던 찌꺼기들이 떠올라 흉한 모습이 그대로 드러나 보이게 됩니다. 우리의 마음도 그럴 때가 있습니다. 외적인 자극이 없을 때에는 아무 찌꺼기가 없이 말간 상태를 유지하고 있는 것처럼 보이지만 조그마한 자극이라도 오면 마치 휘저어 놓은 구정물통과 같은 그런 상태가 되어 버리는 것입니다. 그러므로 가라앉혀서 정돈된 것처럼 보이도록 하는 정도로 마음을 유지하는 것보다는 마음의 더러운 것을 근본적으로 제거시키고 깨끗한 것으로 채우는 작업을 매일매일 하는 것이 필요합니다. 그것이 바로 아침 경건의 시간의 중요한 목적이 되어야 하며 또한 삶의 습관이 되어야 하는 것입니다. 이러한 마음을 준비시켜 놓을 때 우리가 하나님의 온전하신 뜻에 대하여 올바른 판단력과 분별력을 가지게 되어 잘 배우는 사람이 될 수 있는 것입니다.

4. 전폭적 헌신

배우는 일에는 전폭적인 헌신이 필수 조건입니다. 이 전폭적 헌신이 외적으로 나타나는 모습 중의 하나는 열심입니다. 헌신된 사람은 열심을 다하여 움직입니다. 로마서 12:11에 보면, "부지런하여 게으르지 말고 열심을 품고 주를 섬기라"고 하였습니다. 사도 바울은 고린도후서 11:2에서 자신이 하나님의 열심으로 성도들을 위하여 열심 낸다고 하였습니다. 이것이 곧 헌신된 삶의 모습입니다. 우리는 어디서 무엇을 하든지 그 일에 온전히 헌신되어야 하며 그렇게 될 때 자연스럽게 열심을 다하여 수고하게 됩니다.

  사람의 추한 모습은 코나 입이 비뚤어진 데 있는 것이 아니라 자기가 하고 있는 일에 헌신되지 않는 데에 있습니다. 운동 시합을 한다면 거기에 온전히 헌신되어야 아름다운 것입니다. 남들은 열심히 뛰는데 혼자서 딴전을 부리며 게으르게 움직이는 사람이 있다면 바로 이것이 가장 추한 모습인 것입니다. 성경 말씀을 암송할 때라면 암송하는 그 일에 온전히 헌신되어 있어야 합니다. 암송을 잘하지 못하는 대부분의 이유는 기억력이 나쁜 데에 있지 않고 암송하는 그 시간에 헌신적으로 임하지 않기 때문입니다. 수양회 같은 모임을 통하여 놀라운 축복을 받는 사람이 있는 반면에 어떤 사람은 아무 자극을 느끼지 못하는 사람이 있는데 그 이유가 무엇이겠습니까? 헌신되어 있지 않기 때문에 그렇습니다. 다른 특별한 훈련 프로그램에 참석하면서도 별로 도움을 얻지 못하는 사람이 있는데, 그 이유는 그 프로그램에 얻을 것이 없고 배울 것이 없어서가 아니라, 또는 그것을 이끄는 인도자가 능력이 부족해서 그런 것이 아니라, 그 일을 통하여 배우는 데에 본인 자신이 헌신되어 있지 않았기 때문에 그런 것입니다. 또 헌신되지 못한 사람은 어떤 환경에 있든지 그 환경을 통하여 배우고 얻는 것보다는 잃는 것만 더 신경을 쓰는 경향이 있습니다. 그렇게 되면 실제로 배우지 못하게 되며 그 기억 속에는 손해 본 것만 남게 됩니다. 따라서 어떤 환경에서든 헌신되는 것이야말로 최선의 것을 배우는 비결이 됩니다.

헌신이 외적으로 나타나는 모습이 열심이라면 내적으로는 멍에를 메는 태도로 형성됩니다. 예수님께서는, "나의 멍에를 메고 내게 배우라"(마태복음 11:29)고 말씀하시고 이어서 예수님 자신이 메어 주시는 멍에는 쉽고 가볍다고 말씀하셨습니다(30절 참조). 여기서 '쉽다'에 해당하는 헬라어 원어의 뜻은 '잘 맞는다'는 뜻입니다. 몸에 꼭 맞는 맞춤복과 같이 잘 맞는다는 뜻입니다. 소가 일할 때 꼭 맞는 멍에를 메어야 일을 잘 할 수 있는 것처럼 주님의 제자도 주님께서 메어 주시는 꼭 맞는 멍에를 멜 때 주님을 가장 잘 배울 수가 있습니다.

주님께서는 공생애를 시작하시기 전까지 목수의 일을 하셨는데 아마 멍에 만드는 일도 많이 하셨을 것으로 생각됩니다. 주님께서는 소의 멍에뿐만 아니라 주님의 제자가 주님을 따르는 데 메어야 할 멍에에 대하여도 가장 잘 아시며 각 사람에게 꼭 맞는 멍에를 지어 주시리라 믿습니다. 베드로에게 맞는 멍에를 벗겨 요한에게 얹어 주시거나 바울에게 맞는 멍에를 바나바에게 메게 하시는 것이 아니라 각 사람에게 꼭 맞는 멍에를 따로 제작하여 각 사람의 어깨에 친히 메어 주시는 것입니다. 그러므로 주님의 멍에는 잘 맞기 때문에 우리에게 무거운 짐이 되는 것이 아니라 오히려 활동하기에 좋고 일하기에 쉽도록 해주는 것입니다.

주님께서는 이처럼 꼭 맞는 멍에를 우리 각자에게 만들어 주시기 때문에 우리는 각자에게 주어진 멍에를 메고 전폭적으로 헌신하여 배워야 합니다. 멍에를 회피하고는 배울 수가 없습니다. 소가 밭갈이를 배우는 데 있어서 앞발이나 뒷발로, 혹은 스스로 강하다고 여기는 뿔이나 자유롭게 흔들 수 있는 꼬리로 배울 수는 없고 오직 멍에를 메어야만 일하는 것을 배울 수 있는 것처럼, 그리스도의 제자도 주님이 지어 주시는 멍에를 메어야만 일하는 것을 배울 수가 있습니다. 많은 사람들이 멍에를 메지 않고 주님의 제자가 되고자 하고, 멍에를 메지 않고 훌륭한 영적 지도자가 되어 보려고 애쓰기도 하지만 모두 근본적으로 잘못된 것입니다.

Ⅳ. 배우는 통로와 방법

1. 실패를 통하여

 사도행전 15:36-41에 보면, 요한 마가라고 하는 인물 때문에 바울과 바나바가 서로 다투게 된 내용이 기록되어 있습니다. 그에 대하여 한 사람은 데리고 가자 하고 한 사람은 안 된다고 논쟁하다가 이들 두 사람은 결국 갈라서게 되었는데, 그 정도로 요한 마가의 문제는 심각했던 것입니다. 다시 말하면 이 시점에서의 요한 마가는 선교사팀에서는 실패한 사람이었습니다. 그러나 그의 삶이 영원히 실패로 끝난 것은 아니었습니다. 그는 실패로 인하여 좌절하지 않고 결국에 배우는 사람으로 변화되었던 것입니다. 디모데후서 4:11에 보면 후일에 바울은 디모데에게, "네가 올 때에 마가를 데리고 오라. 저가 나의 일에 유익하니라"고 말했는데, 이와 같이 마가에 대하여 바울은 새로운 평가를 하고 있는 것입니다. 과거에는 설혹 바나바와 헤어지는 한이 있더라도 그를 데려가지 않겠다고 말할 정도로 그에 대한 바울의 인식은 좋지 않았었는데, 이제는 마가가 자기 일에 유익하다고 말하고 있는 것입니다. 실패했다고 해서 좌절할 것이 아니라 그 실패를 통하여 요한 마가처럼 새롭게 배워 나가야 하는 것입니다.

또 디모데는 어떠냐 하면 디모데전후서를 통하여 살펴볼 때 그에게는 상당히 많은 약점들이 있었던 것을 보게 됩니다. 두드러진 몇 가지만 생각해 보면, 우선 그는 젊어서 그런지 사역을 할 때에 자주 변론에 빠지곤 하여 사도 바울에게 지적을 받았습니다(디모데후서 2:23-25 참조). 나이가 어린 것 때문에 열등감에 빠지기도 했습니다(디모데전서 4:12 참조). 또 두려움도 많았습니다(디모데후서 1:7 참조). 몸도 약했습니다(디모데전서 5:23 참조). 각 연령층의 사람들을 대하는 법을 잘 몰라서 실수를 하기도 했습니다(디모데전서 5:1-2 참조). 그러한 약점들에 대하여 바울은 아주 세세하고 구체적으로 지적해 주었습니다. 그랬을 때에 디모데는 자기 영적 지도자인 바울의 그런 지적들에 대하여 부정적인 태도를 취하지 않고 적극적이며 겸손하게 배웠습니다. 자기의 실패로 인하여 좌절하지 않고 배우는 일에 전심전력하여 드려진 결과 그는 주님의 사역에 놀랍게 쓰임 받을 수 있었습니다.

아마 실패로 말할 것 같으면 제 자신도 가장 실패를 많이 한 사람의 하나일 것입니다. 왜냐하면 일을 많이 맡았기 때문에 일을 하다 보면 실패를 더 많이 했을 것이고 또 젊은이들보다는 더 긴 세월을 살았기 때문에 시간상으로도 실패의 기회가 더 많았을 것입니다. 그러나 실패만 바라보았다면 일을 계속 해 나가지 못했을 것입니다. 실패 자체에 매여 있기보다는 실패를 통해서 주님께서 은혜를 베풀어 주시길 바랄 때 결국은 배우는 사람으로 유지될 수가 있는 것입니다. 여러분은 지금 실패하고 있는 것이 어떤 것입니까? 그것 때문에 갈등하고 있지 않습니까? 그러나 갈등에 머물러 있지 말고 실패를 통해서 배워야겠다고 하는 새로운 마음의 태도, 이것이 있을 때 여러분에게 하나님께서 더욱 큰 은혜를 베풀어 주시리라고 믿습니다.

2. 보잘것없는 것을 통하여

잠언 6:6-8에 보면 개미한테 가서 배우라고 한 말씀이 있는데, 개미를 선생으로 생각하고 배울 마음이 우리에게 있습니까? 성경은 우리에게 우리 발밑에 밟히는 개미에게서도 배울 것이 있으므로 그들에게까지 배우는 태도를 갖도록 말씀하고 있습니다. 잠언 24:30-32에는 게으른 자의 포도원을 보고도 배우는 이야기가 있습니다. 잠언의 저자는 게으른 자의 포도원을 지나면서 가시덤불이 퍼지고 잡초가 덮였고 돌담이 무너진 것을 유심히 보고 "내가 보고 생각이 깊었고 내가 보고 훈계를 받았었노라"고 했습니다. 사람들은 대부분 이런 것을 보고 그냥 지나치지만 이 잠언의 저자는 보고 생각이 깊었고 또 배웠다고 했습니다. 이처럼 우리도 보잘것없는 주위의 모든 것을 통하여 배워야 합니다.

잠언 26:12-16에 보면 게으른 자를 잘 관찰하여 배우라고 했습니다. 부지런하고 훌륭하고 뛰어난 사람만을 통하여 배우라고 한 것이 아니라 게으른 사람을 통하여 배울 수도 있다고 한 것입니다. 그들의 변명과 그들의 생태를 연구해 볼 때에 자신은 과연 어떠한 사람이 되어야 하는가를 배울 수 있는 것입니다. 게으른 자는 자기가 밖에 나가지 않는 이유로 밖에 사자가 있다고 변명합니다. 얼마나 그럴듯한 변명입니까? 밖에 사자가 있으면 밖에 나가 있던 사람도 들어오게 하는 것이 마땅한데 안에 있는 사람을 내보낸다는 것은 당연히 하지 말아야 하는 것입니다. 그러므로 그는 자기의 게으름을 변명하기에 가장 완벽한 핑계를 사용하고 있는 것입니다.

또 게으른 자는 문짝이 돌쩌귀를 따라 도는 것처럼 침상에 굴러다닌다고 하였습니다. 아주 평안하게 돌고 있지만 자기가 죽음을 향해서 가고 있다는 사실을 알아야 합니다. "게으른 자의 정욕이 그를 죽이나니 이는 그 손으로 일하기를 싫어함이니라"(잠언 21:25). 게으른 사람은 자기 삶에 활력이 없는 데서 그치지 않고 다른 부지런한 사람의 힘마저도 빼놓기가 일쑤입니다. 이를테면 여러 가지 방해가 많은 상황에서도 전도를 하기 위하여 다양한 계획을 짜서 담대히 나아가고자 할 때, 게으른 자는 그런 상황에서 전도하는 것은 너무 비효과적이라느니 혹은 그런 계획은 너무 인위적이므로 하나님께서 다른 좋은 기회를 주실 때까지 기다려야 한다느니 하면서 도리어 다른 사람들의 열심을 식어 버리도록 만드는 것입니다. 그런 사람의 말 자체는 매우 타당성이 있는 것 같지만 그런 식으로 하다 보면 평생 가도 전도할 기회는 얻지 못하는 것입니다. 이런 사람은 자기의 생각으로 타당한 듯이 보이는 변명거리들을 만들기에 앞서서, "너는 말씀을 전파하라. 때를 얻든지 못

얻든지 항상 힘쓰라"(디모데후서 4:2)고 하신 하나님의 명령에 순종하는 법부터 배워야 합니다.

게으른 자는 지혜로운 자 일곱 명보다도 자기가 더 지혜롭다고 생각합니다. 그러나 앞서 나아가고 배우는 일에 열심 있는 사람은 자기를 지혜롭다고 생각하는 것이 아니라 아직도 배울 것이 많은 부족한 사람이라고 생각하는 것입니다. 운동의 경우도 운동장에 나가서 실제로 운동을 하는 사람은 자신이 아직도 배워야 할 것이 많다는 것을 먼저 생각합니다. 이런 동작, 저런 기술이 아직도 자기에게 부족하다 생각하며 늘 연습을 부지런히 합니다. 그러나 항상 운동이 취미라고는 하면서도 관중석에 앉아서 구경만 하는 사람은 그 운동에 대해서는 자기가 누구보다도 잘 안다고 여깁니다. 다시 말하면 지혜로운 운동선수 일곱보다도 자기가 더 뛰어나다고 생각하는 것입니다. 보는 눈은 있어서 "아, 저런 때는 저렇게 하면 안 되는데… 저런 경우에는 이렇게 해야 하는데…" 하는 식으로 비판은 할 수 있을지 몰라도 자기 실력이 그런 것은 아닙니다. 그러므로 이런 보잘 것없는 일들을 유심히 관찰해 보면 이를 통하여도 배울 것이 많습니다. 이런 경우들을 보면서 '나는 그런 사람이 되지 말아야지. 새로운 사람이 되어야지'

하고 자기를 살펴보는 생각들을 하며 새로운 측면에서 배울 수가 있는 것입니다.

아침에 청소를 하고 모든 것을 깨끗하게 정리하고 나면 마음이 매우 개운해집니다. 청소를 아주 철저히 해서 먼지 하나 없이 깨끗한 환경에서 하루를 지내리라 생각하면 참으로 기분이 상쾌합니다. 이제 해가 떠올라 햇빛이 비스듬히 책상 위를 밝게 비춥니다. 그런데 이게 웬일인지, 분명히 깨끗하게 청소를 했기 때문에 먼지 하나 없으리라 기대했던 책상 위에 먼지가 많이 보입니다. 이런 것을 보면서 우리는 두 가지 서로 상반된 생각을 할 수가 있습니다. 하나는 아무리 해봐야 이렇게 먼지가 끼는데 청소를 해서 무엇하겠느냐며 청소 자체의 효용에 대하여 부정적인 생각을 갖는 것입니다. 그러나 또 다른 사람은 '열심히 청소를 하느라고 했는데도 더러운 것이 여전히 이렇게 남아 있으니, 만일 청소를 안 하면 얼마나 더 더러울까' 하고 생각하며 청소를 더욱더 열심히 하리라 다짐하게 될 수도 있습니다. 또 나아가 '인간의 마음도 마찬가지이겠구나. 내가 아무리 깨끗한 마음으로 살려고 노력한다고 해도 햇빛처럼 밝은 하나님 앞에 나아오면 허물과 죄가 많다는 것을 인정할 수밖에 없겠구나. 더욱더 내 삶을 살펴 주님의 거룩하심을 닮아야지' 하고 생각하며 새로운 측면에서 배우고 적용하기도 합니다.

그러므로 이처럼 보잘것없는 것들을 통하여도 배우는 지혜롭고도 겸손한 태도를 갖추면 많은 축복을 얻을 수 있지만 교만한 태도를 가지면 항상 은혜롭지 못하고 부정적이고 비판적인 생각들이 마음에 쌓이게 되어 자신을 해롭게 이끌어 가고 맙니다. 그뿐 아니라 언젠가는 자기도 모르는 사이에 날카로운 흉기와 같은 존재가 되어 주위의 여러 사람들에게 심각한 상처를 주는 무서운 일을 자행하기도 합니다.

3. 도전을 통하여

하나님은 성경 말씀을 통하여서만 우리를 가르치시지 않습니다. 많은 경우에 환경의 도전 혹은 다른 사람의 도전을 통하여 배우게 해주십니다. 사도행전 18:25-28에 보면 학문이 많고 성경에 능한 자로 알려진 아볼로가 나옵니다. 그는 열심히 성경을 배웠기 때문에 아주 능숙한 방법으로 많은 사람들에게 하나님의 말씀을 가르쳤습니다. 그런데 브리스길라와 아굴라가 그의 설교를 유심히 들어 보고 그가 아직 예수님에 대하여 충분한 이해가 없는 것을 발견

하였습니다. 아볼로는 열심히 잘 가르치기는 했지만 가르치는 내용의 초점이 어긋나 있었습니다. 그래서 브리스길라와 아굴라는 아볼로를 불러서 예수님에 대한 분명한 사실을 더욱 자세히 가르쳤습니다. 이런 때에 아볼로의 입장에서는 자존심이 상하여 기분이 나쁠 수도 있었습니다. 브리스길라와 아굴라는 천막을 만드는 사람들로서 어떻게 보면 보잘것없는 평범한 부부였습니다. 그러므로 아볼로는 '성경에 관한 한 어떻게 감히 나를 가르칠 수 있느냐' 하고 생각하며 교만한 마음을 가질 수 있었지만 이 외부의 도전을 겸손히 받고 배웠습니다. 그 결과로 28절에 보면 아볼로는 "예수는 그리스도라고 증거하여 공중 앞에서 유력하게 유대인의 말을 이김일러라"고 기록된 것과 같이 많은 사람에게 올바른 진리를 전함으로 좋은 열매를 맺을 수 있었습니다.

우리는 어떻습니까? 동료가 지적해 주는 것은 고사하고 영적 지도자가 가르쳐 주는 것에 대하여조차도 교만한 태도를 가질 수가 있습니다. 다른 사람이 무언가를 가르쳐 줄 때 그의 말은 옳지만 결국 자기가 그에게 배우는 입장에 섰다고 하는 것 자체가 기분 나쁘고 불행한 일이라고 생각하여 받아들이지 않을 때가 있습니다. 그러나 이러한 사람은 아볼로가 받은 축복을 경험하지 못합니다. 하나님께만 배우려고 하는 태도가 있다면 결국 하나님께도 배우지 못합니다.

4. 고난을 통하여

모든 환경은 주님께서 나에게 무언가를 가르치시기 위하여 허락하신 것임을 알고 이를 통하여도 배워야 합니다. 시편 119:73 말씀에 보면, "주의 손이 나를 만들고 세우셨사오니, 나로 깨닫게 하사 주의 계명을 배우게 하소서"라고 기도하는 내용이 나옵니다. 나를 가장 잘 아시는 분은 바로 나를 지으시고 세우신 하나님이신 것입니다.

어떤 사람이 작은 언덕이 있는 공원에서 자동차를 몰고 가는데 그만 비탈길에서 차가 고장이 났습니다. 자동차의 후드를 열고 아무리 살펴보아도 어디가 고장인지를 알 수가 없었습니다. 땀을 뻘뻘 흘리면서 곤란해 하고 있는데 마침 나이가 지긋한 한 사람이 지팡이를 짚고 공원의 언덕길을 산책하다가 곁에 다가와서, "뭐, 자동차에 이상이 있습니까?" 하고 물었습니다. 그는 오랫동안 고쳐 보려고 했는데 어디가 고장인지를 모르겠다고 대답했습니다. 그 노인은 뚜껑 밑을 한참 보고 몇 군데에 손을 댄 뒤 시동을 걸어 보았습니다. 순간 아주 경쾌하게 시동이 걸렸습니다. 차 주인이 놀랍고도 신기하다는 듯이 어떻게 노인장께서 그렇게 자동차에 대하여 잘 아시느냐고 묻자 그는 "내가 바로 이 차를 만든 포드입니다"라고 대답했습니다. 그는 자기가 만든 차이기 때문에 그 차에 대하여는 다른 누구보다도 속속들이 잘 알고 문제를 해결할 수가 있었습니다.

우리를 지으신 분은 하나님이십니다. 그러므로 내가 내 자신에 대하여 아무리 잘 안다고 하여도 하나님만큼은 알 수가 없습니다. 하나님께서 나를 만드셨기 때문입니다. 또 나를 만드셨을 뿐만 아니라 나를 주님의 사역에 불러 주시고 세우신 분도 하나님이시기 때문에 사역을 잘 이루어 나갈 수 있도록 도와주시는 분도 하나님이십니다. 그러므로 하나님께서 나에게 허락해 주시는 모든 환경들을 하나님의 주신 교육 프로그램으로 여기고 배워 나가야 하며, 하나님께서 나의 가장 완벽한 선생님이시라는 것을 믿어야 하는 것입니다. 그러기 위해서 필요한 것은 환경에 대하여 긍정적인 사고방식을 가지는 것입니다.

시편 119:67에 보면, "고난당하기 전에는 내가 그릇 행하였더니 이제는 주의 말씀을 지키나이다" 한 말씀이 있습니다. 우리는 일반적으로 고난이 없기를 바랍니다. 그러나 위의 시편 기자는 고난이 그에게 좋은 선생이 되었다고 고백하고 있습니다. 전에는 그릇 행하였다가 이제는 고난을 통해 배워서 주의 말씀을 지키게 되었다는 말씀입니다. 고난이 그의 코치가 된 것입니다. 운동선수를 지도하는 코치는 일종의 많은 고난을 운동선수에게 주는데, 사실상 이런 고난 없이는 훌륭한 선수가 될 수 없습니다. 71절에서는 "고난당한 것이 내게 유익이라"고 했습니다. 자기가 소원한 바와 반대로 이루어지기를 좋아하는 사람은 없을 것입니다. 그러나 하나님은 우리가 좋아하든 싫어하든 관계없이 병이라든가 가난이라든가, 다른 고통이나 기도 응답의 부정적 결과 등을 통하여 우리에게 더 중요한 것을 가르쳐 주시기를 원하십니다.

오스왈드 샌더스가 그의 생애에서 가장 큰 어려움을 경험하게 되었습니다. 그것은 그의 사랑하는 아내가 암으로 죽어 가는 것을 지켜보게 된 것이었습니다. 이분은 너무나도 아내를 사랑하였기 때문에 암으로 고통하며 신음하고 있는 그 아내가 불쌍해서 잠시도 그 곁을 떠나지 않고 자기가 할 수 있는 모든 정성을 기울여 보살펴 주었습니다. 그런데 하루는 아내가 눈물을 흘리면서 남편의 손을 꼭 잡고서, "당신에게 한 가지 소원이 있는데, 꼭 좀 들어주셔야겠어요"라고 말하는 것이었습니다. 뜻밖의 말에 의아해하는 남편에게 그녀는, "저는 당신이 제게 방해가 된다는 사실을 알게 되었어요…"라고 말을 잇는 것이었습니다. 그는 깜짝 놀랐습니다. 자기가 그처럼 정성껏 간호하며 열심히 돌보아 주고 있는데 뭐가 문제인지 마음속에 잘 이해가 되지 않았습니다.

그런데 계속되는 아내의 이야기의 요지는 그녀는 자신이 당하는 고통을 통하여 무언가를 배우고 싶은데 남편이 너무 잘해 주니까 도리어 배울 수가 없다는 것이었습니다. 암으로 죽어 가면서까지 열심히 배우기를 갈망하고 있었던 그의 아내의 태도가 우리에게 얼마나 도전이 됩니까? 우리는 과연 어떻습니까? 오스왈드 샌더스의 아내와 같은 열망과 태도로 배우지는 못한다 하더라도 지극히 정상적으로 주어진 환경에서 수양회나 기도 모임 또는 다른 사람들과의 교제 시간 등 좋은 배움의 기회들이 주어졌을 때 좀 더 새로운 열심과 간절함을 가지고 배워야 하지 않겠습니까?

저는 군에 갈 때 하나님께 간절히 기도한 것이 하나 있었는데 그 내용은 군대에 가서 훈련소 조교는 되지 않도록 해달라는 것이었습니다. 요새는 어떤지 모르지만 그 당시의 군대 생활에 대해 선배를 통하여 들은 바에 의하면 조교는 그리스도인으로서 할 일이 못 된다는 것이었습니다. 왜냐하면 그리스도인은 먼저 다른 사람을 섬기는 일부터 배워야 하는데 조교는 자신의 계급이 그다지 높지도 않으면서 남에게 지시하고 부리는 일을 주로 하기 때문이라고 했습니다. 저도 이것이 옳은 생각이라고 여겼습니다. 그래서 입대하여 훈련이 마치는 날까지 열심히 기도한 것은 바로 내가 비록 최전방으로 배치되어 어떤 위험을 당하든지 혹은 하루 종일 앉지 못하고 보초만 서야 하는 그런 곳에 가더라도 훈련소 조교는 되지 않도록 해달라는 것이었습니다.

훈련소에서 훈련을 마친 후 한 사람 한 사람 새로운 부대 배치를 받아 나갔는데, 거의 마지막에 이르기까지도 제 이름은 부르지 않았습니다. 한편으로 초조하면서도 한편으로는 그동안 기도한 것을 회상하면서 '훈련소 조교는 절대 안 되겠지'라고 자못 자신하면서 기다리고 있었는데 결국에 가서 저의 보직은 훈련소 조교로 낙착이 되고 말았습니다. 그 많은 보직 중에 하필이면 왜 내가 가장 원치 않던 조교 보직을 받게 되었는지 처음에는 잘 이해가 되지 않았습니다. 그러다가 조금 지나서는, '하나님께서 나의 고집을 꺾기를 원하시는구나' 하고 생각하며 겸손한 삶의 측면에서 배우게 되었습니다. 그러나 나중에 더욱 새로운 것을 알게 되었는데, 그것은 훈련된 그리스도인으로서 사는 데 필요한 많은 훌륭한 원리들을 바로 이 조교의 삶에서 배울 수가 있었다는 것이었습니다.

이와 같이 그 당시에는 원치 않는 것, 싫어하는 것이 우리 주위에 때로 거머리같이 달라붙어 있어 어렵게 느껴질 때가 있습니다. 그런데 하나님께서는 바로 이런 것을 통하여 무엇인가 새로운 것을 배우게 해주십니다. 하나님이 나를 지으시고 나를 세우셨기 때문에 나 자신보다도 나를 더 잘 아시고 나를 가장 완전한 길로 인도하신다는 사실을 확신할 때 모든 어려움과 고난 가운데서도 승리를 경험할 수 있게 됩니다. 이런 확신이 없으면 어려움 가운데서 배우는 일은 지속할 수가 없습니다.

5. 이미 아는 것을 잘 배움으로

새로운 것을 배우는 것은 물론 중요합니다. 그러나 새로운 것만 배우려고 할 것이 아니라 이미 안다고 생각되는 일들을 배우는 데에 깨어 있어야 잘 배울 수 있습니다. 수양회에 참석해 보면 대개 비슷한 내용의 설교를 듣고 비슷한 주제의 그룹 토의 등을 하곤 합니다. 다 알고 있는 내용을 실로 여러 차례 반복하여 들은 경우도 있을 것입니다. 그러나 들어서 알고 있는 것이 중요한 것이 아니라 그것을 얼마나 삶 가운데에 나타내고 있느냐가 그리스도인의 삶에서는 중요한 것입니다. 아는 것이 배운 것은 아닙니다. 그 아는 것이 삶에 나타나야 배운 것이라고 할 수 있습니다.

사람이 동맥 경화에 걸려 심해지면 그의 육체의 삶이 무너지게 되는데, 이것은 영적인 면에서도 마찬가지인 것을 봅니다. 영적인 동맥 경화증이란 다름 아니라 마음이 굳어져서 더 이상 유연성이 없어져 버린 상태가 되는 것입니다. '이미 들어서 너무나 잘 알고 있기 때문에 더 이상 들을 필요가 없다, 더 이상 배울 것이 없다' 하는 식의 태도가 곧 영적인 동맥 경화증에 걸린 상태에 있다는 것을 보여 주는 것입니다. 잠언 16:18에 보면 "교만은 패망의 선봉이요 거만한 마음은 넘어짐의 앞잡이니라"는 말씀이 있습니다. 사람이 교만하게 되는 것은 배운 것을 생활화하지는 않고 단지 머릿속에 지식으로만 쌓아 두게 될 때 그렇게 됩니다. 그런 사람은 다른 사람의 가르침이나 권면을 듣고 배우기보다는 자기도 다 안다는 생각 때문에 교만하여 배우지 못하게 됩니다. 참으로 배우고자 하면 이러한 것을 해결하는 용단이 필요합니다. 각자가 기도 가운데서 생각해 보아야 합니다. 현재 여러분의 삶에는 나타나지 않고 단지 지식으로만 남아 있는 기록들을 모두 불태워 버릴 용기는 없습니까? 이미 안다고 생각하는 것들을 다시 새롭게 배울 용기는 없습니까? 혹시 자신이 가진 수많은 책들이 성경을 순수하게 따르고 새롭게 배우고자 하는 마음에 방해가 된다면 없애 버릴 용기는 없습니까?

6. 영적 지도자를 통하여

하나님께서는 자연환경이나 기타의 다른 통로를 통하여도 가르쳐 주시지만 사람을 통하여 가르쳐 주시기를 기뻐하십니다. 그러므로 우리는 무엇보다도 사람을 통하여 배우기를 즐겨 해야 합니다. 구약의 인물들 중에서도 보면 여호수아는 모세를 열심히 따르며 그를 통하여 배웠고, 선지자 엘리사는 엘리야를 매우 열심히 따르면서 배웠습니다. 신약에서 디모데는 바울을 열심히 따르며 배웠으며, 골로새의 성도들은 에바브라로부터 배웠다고 했습니다. 이 밖에도 수많은 위대한 인물들이 그들의 영적 지도자를 통하여 배운 것을 보게 됩니다.

사도행전 10장에는 로마 군대의 백부장인 고넬료라 하는 한 경건한 이방인이 어떻게 예수 그리스도의 복음을 듣고 구원받게 되었는지에 대하여 상세하게 기록되어 있습니다. 그는 비록 이방인이었지만 하나님을 경외하며 기도와 경건의 삶을 살고 있었습니다. 이러한 그에게 하나님께서 직접 계시를 내리셔서 그리스도의 복음을 깨닫게 하실 수도 있었습니다. 그러나 하나님께서는 인간적인 시야에서는 번거롭게 보일지도 모르는 방법을 택하셔서 그에게 복음의 소식을 전해 주셨습니다. 즉 베드로라는 영적 지도자를 통하여 배우게 하셨던 것입니다.

하나님께서는 환상 중에 고넬료에게 계시하셔서 베드로를 초청하여 그를 통하여 말씀을 들으라고 명하셨고, 한편으로 베드로에게는 이방인도 하나님께서 받으셨다는 것을 가르쳐 주시고 이어 고넬료가 보내는 사람들을 따라 그의 집으로 가라고 명하셨습니다. 그리하여 고넬료는 베드로를 자기 집에 초청하였습니다. 베드로가 그 앞에 등장했을 때 고넬료는 순간적으로 자신의 한 가지 선입견을 극복해야 했을지도 모릅니다. 적어도 하나님이 보내신 영적인 사람이라면 말쑥하면서도 거룩하게 보였어야 할 텐데 어부로서 햇볕과 노동에 찌든 베드로의 모습은 그의 기대와는 전혀 달랐을 것이기 때문입니다. 이러한 자신의 선입견을 극복하기가 그리 쉬운 일만은 아니었을 것입니다. 그러나 이 순간에 자기를 극복하고 배운 태도로 말미암아 그의 일생의 방향은 하나님 앞에서 일대 전환을 하게 되었던 것입니다. 베드로가 왔을 때 그는 이렇게 말했습니다. "내가 곧 당신에게 사람을 보내었더니 오셨으니 잘하였나이다. 이제 우리는 주께서 당신에게 명하신 모든 것을 듣고자 하여 다 하나님 앞에 있나이다"(사도행전 10:33). 이렇게 하여 고넬료는 베드로를 통하여 주님의 복음을 듣고 구원받게 되었습니다. 하나님께서는 이렇게 여러 복잡한 과정을 통해 영적 지도자인 베드로를 만나게 해주시고 그를 사용하셔서 고넬료에게 진리를 가르치시고 구원하셨던 것입니다.

주님을 배울 때에 우리는 고넬료가 그랬던 것처럼 영적 지도자로부터 모든 것을 듣고 배우고자 하는 마음의 태도가 필요합니다. 히브리서 13:7 말씀은 이렇게 권면하고 있습니다. "하나님의 말씀을 너희에게 이르고 너희를 인도하던 자들을 생각하며 저희 행실의 종말을 주의하여 보고 저희 믿음을 본받으라." 그러므로 우리는 영적 지도자를 통하여 하나님의 말씀을 배우고 그의 믿음과 삶의 본을 따라 행함으로 배워야 합니다.

하나님께서는 영적 지도자에게 배울 때 특별히 무엇보다도 순종하고 복종함으로 배우기를 원하십니다. "너희를 인도하는 자들에게 순종하고 복종하라. 저희는 너희 영혼을 위하여 경성하기를 자기가 회계할 자인 것같이 하느니라. 저희로 하여금 즐거움으로 이것을 하게 하고 근심으로 하게 말라. 그렇지 않으면 너희에게 유익이 없느니라"(히브리서 13:17). 이와 같이 순종하고 복종해야 하는 이유는 그렇게 할 때 다른 사람이 아니라 바로 배우는 자 자신에게 유익하기 때문입니다.

디모데는 그의 영적 지도자인 바울을 "자식이 아비에게 함같이" 따르면서 배우고 함께 복음을 위하여 수고하였습니다(빌립보서 2:22 참조). 이와 같이 배우는 삶을 산 결과 그는 훌륭한 영적 지도자로 성장하여 하나님께 놀랍게 쓰임받게 되었던 것입니다. 사도 바울은 후일에 디모데에게 여러 가지 권면과 지침들을 주면서 이렇게 당부한 적이 있습니다. "내 말하는 것을 생각하라. 주께서 범사에 네게 총명을 주시리라"(디모데후서 2:7). 영적 지도자의 말과 행실 등 그의 삶의 본에 주의를 기울이고 배우고자 할 때 바로 하나님께서 지혜와 총명을 주셔서 그 의미를 깨달아 영적으로 성장하게 하신다는 것을 믿어야 합니다.

7. 성령을 의뢰함으로

"우리가 이것을 말하거니와 사람의 지혜의 가르친 말로 아니하고 오직 성령의 가르치신 것으로 하니 신령한 일은 신령한 것으로 분별하느니라. 육에 속한 사람은 하나님의 성령의 일을 받지 아니하나니 저희에게는 미련하게 보임이요 또 깨닫지도 못하나니 이런 일은 영적으로라야 분변함이니라"(고린도전서 2:13-14). 이 말씀에서 보여 주시는 것처럼, 세상일은 많은 학문과 명석한 두뇌 혹은 노련한 경험 등 인간적인 지혜를 통하여 더 많은 것들을 터득할 수 있지만, 이러한 세상적인 지혜로 하나님의 일을 이해할 수는 없습니다. 그러므로 그리스도인은 삶의 모든 영역에서 무엇보다도 성령을 의뢰함으로 행해야 합니다.

성령을 의뢰하지 않고 자신의 지혜와 능력에 의지하여 행할 때는 그리스도인으로서 올바르게 배우지 못합니다. 빌립보서 3:3 말씀은 "하나님의 성령으로 봉사하며 그리스도 예수로 자랑하고 육체를 신뢰하지 아니하는" 사람이 참된 그리스도인이라고 설명하고 있습니다. 사람이 자기를 의지하여 무엇인가를 행할 때에는 성공하면 자기 의에 빠지게 되고 실패하면 실망과 좌절에 빠지게 되어 어느 면으로든 유익이 되지 못하기 때문입니다. 그러나 성령을 의뢰함으로 행할 때 우리는 실패하든 성공하든 감사하게 됩니다. 그것은 우리 안에 계신 성령께서 우리로 하여금 하나님의 은혜를 더욱 깊이 깨달아 알게 해주시기 때문입니다. "우리가 세상의 영을 받지 아니하고 오직 하나님께로 온 영을 받았으니 이는 우리로 하여금 하나님께서 우리에게 은혜로 주신 것들을 알게 하려 하심이라"(고린도전서 2:12).

우리는 복음 전하는 일에서도 먼저 성령을 의뢰함으로 하는 것을 배워야 합니다. 온갖 어려운 상황에서도 다양한 사람들에게 복음을 전하여 수많은 전도의 열매를 얻는 경험을 하였던 사도 바울이지만 그는 "내 말과 내 전도함이 지혜의 권하는 말로 하지 아니하고 다만 성령의 나타남과 능력으로 하여 너희 믿음이 사람의 지혜에 있지 아니하고 다만 하나님의 능력에 있게 하려 하였노라"(고린도전서 2:4-5)고 말했습니다. 사람이 하나님의 은혜의 복음을 깨닫고 믿음의 결단을 하게 되는 것은 어떤 사람의 설득력으로 되는 것이 아니라 바로 성령께서 깨닫게 해주실 때에야 가능하기 때문입니다.

우리는 전도하는 일뿐만 아니라 다른 모든 것을 배우는 데 있어서도 그래야 하지만 특별히 하나님의 말씀을 배우는 데 있어서 성령을 의뢰해야 합니다. 그 이유는 성경 말씀이 바로 하나님의 성령의 감동으로 된 것이므로 성령께서 하나님의 말씀을 가장 잘 가르쳐 주시기 때문입니다. "모든 성경은 하나님의 감동으로 된 것으로 교훈과 책망과 바르게 함과 의로 교육하기에 유익하니, 이는 하나님의 사람으로 온전케 하며 모든 선한 일을 행하기에 온전케 하려 함이니라"(디모데후서 3:16-17). 예수님께서는 "보혜사 곧 아버지께서 내 이름으로 보내실 성령 그가 너희에게 모든 것을 가르치시고 내가 너희에게 말한 모든 것을 생각나게 하시리라"(요한복음 14:26)고 약속하셨습니다. 그러므로 우리가 하나님의 말씀을 잘 이해하고 실생활에서 순종하여 온전한 하나님의 사람으로 성장하기 위해서는 우리와 함께하시며 도와주시는 성령을 의뢰함으로 배워야 하는 것입니다.

V. 배워야 할 영역들

1. 영적 지식(진리의 사실)

 진리의 사실을 배우지 않고 추상적인 것만 배우면 그에 대한 기술도 나올 수가 없습니다. 또 올바른 삶의 가치관도 기대할 수가 없게 됩니다. 그러기 때문에 우리는 기술이나 가치관 이전에 먼저 진리의 사실을 명확하게 배워야 합니다. 우리가 배워야 할 진리의 사실이란, 첫째로 하나님의 말씀에 나타난 진리의 수준입니다. 두 번째 진리의 사실은 하나님의 시야에서 보는 세상의 필요입니다. 이 시대의 요청, 이 시대에 참으로 필요한 것이 무엇인가를 내 나름대로의 생각으로 판단하는 것이 아니라 하나님의 시야로 바라볼 줄 아는 능력이 있어야 하는 것입니다.
 마가복음 12:24에 보면, "너희가 성경도 하나님의 능력도 알지 못하므로 오해함이 아니냐?"고 예수님께서 말씀하신 적이 있습니다. 많은 사람이 진리의 사실인 성경을 알지 못하고 오해하기 때문에 나름대로 열심히는 살고 있지만 잘못된 길을 따라 살고 있으며, 하나님을 섬긴다고는 하지만 하나님의 관심과는 전혀 관계가 없는 일들을 하는 잘못을 범하고 있습니다. 그렇기 때문에 말씀을 통해서 진리의 사실을 알고 깨달아야 합니다.

오해하고 사는 것처럼 부끄러운 일도 없습니다. 중학교 때였던 것으로 기억되는데 어느 수업 시간에 인체의 구조에 대하여 설명하는 것을 듣게 되었습니다. 그때 생물 선생님이 사람의 맹장의 위치가 남녀가 서로 다른데 남자는 오른쪽에, 여자는 왼쪽에 있다고 설명해 주셨습니다. 그때 이후로 저는 오랫동안 그런 줄로 알고 지냈습니다. 그리하여 어떤 기회가 있어서 이와 연관된 이야기를 할 때면 당연히 남자의 맹장은 오른쪽에 여자의 맹장은 왼쪽에 있다고 이야기하고 때로 확신 있게 주장하기도 했습니다. 그러다가 언젠가 사실은 그렇지 않다는 것을 알고는 매우 부끄러움을 느꼈습니다. 이전에 맹장의 위치에 대하여 이야기할 때 내가 틀린 줄도 모르고 고집하던 일이 생각나서 스스로 심히 부끄러웠습니다.

어떤 이유로 그 생물 선생님이 틀린 내용을 가르

치게 되었는지는 지금 알 수 없지만, 어쨌든 잘못된 내용을 가르치고 배운 결과는 그 한순간만으로 그치지 않고 그 여파가 계속 남아 있게 되는 것을 보았습니다. 성경의 진리에 관하여도, 잘못된 내용을 자기의 고집이나 교만 때문에 많은 주위 그리스도인들에게 주장함으로 비진리를 가르치고 그 결과 많은 악영향을 초래할 수 있다는 사실을 우리는 명심해야 합니다. 그렇기 때문에 자기의 고집과 교만을 버리고 진리의 사실들을 올바로 배우는 사람이 되어야 합니다. 디모데후서 3:14 말씀에서는 "배우고 확신한 일에 거하라"고 했는데, 우리가 배우고 확신해야 할 내용은 바로 진리의 사실 곧 성경에 나타난 진리의 수준입니다. 우리는 이것을 배우고 확신하며 이것을 삶 가운데 나타내야 합니다.

2. 영적 지혜(기술)

지혜는 지식의 활용 능력이라고 할 수 있습니다. 다시 말하면 자기가 알고 있는 지식을 실제 상황에서 유효적절하게 활용할 줄 아는 능력입니다. 우리는 믿지 않는 사람들에게 성경 말씀을 사용하여 복음을 효과적으로 전하는 기술, 또한 주님을 믿게 된 사람을 어떻게 양육할 것인지에 대하여, 혹은 하나님께서 나에게 주신 이 짧은 생애의 시간을 어떻게 사용하고 운영할 것인지에 관한 기술 등을 배워야 하는데, 이런 것이 지혜와 관련된 것입니다.

우리는 성경 말씀을 통하여 지식을 얻을 뿐더러 그 지식을 하나님이 주신 지혜로 잘 활용하는 능력을 키워야 합니다. 성경 지식만 가지고서는 주님의 제자로 또는 일꾼으로서의 삶을 살 수 없습니다. 그러므로 영적 지식을 잘 활용하는 영적 지혜를 얻는 것이 필요한데 이를 위해서는 무엇보다도 기도해야 합니다. 열왕기상 3:9에 보면, 솔로몬은 부와 장수와 영광을 구한 것이 아니라 바로 지혜를 달라고 하나님께 구했습니다. 하나님께서는 이 기도에 넘치도록 응답하셨습니다(열왕기상 3:12-13 참조). "너희 중에 누구든지 지혜가 부족하거든 모든 사람에게 후히 주시고 꾸짖지 아니하시는 하나님께 구하라, 그리하면 주시리라"(야고보서 1:5) 한 약속의 말씀이 야고보를 통하여 구체적으로 기록되기도 전에 솔로몬에게는 이미 그 약속이 이루어졌던 것입니다.

깨닫는 수많은 진리의 사실들을 활용할 줄 아는 기술이 없음으로 인하여 우리 지식이 잠자게 되고 나아가 이런 사장된 지식은 교만의 원천이 되고 마는 것을 봅니다. 적용하는 능력이 없이 알고만 있는 성경 지식은 자신에게 도움이 되지 않는 것으로 그치지 않고 그 자신을 교만하게 만들어 오히려 해가 될 수가 있습니다. 그러므로 말씀을 올바르게 적용하는 능력을 달라고 기도하는 가운데 영적 지혜를 배워 가야 합니다. 또한 이러한 영적 지혜는 순종에 의하여 깨닫게 된다는 점도 명심해야 합니다.

3. 영적 가치관

우리가 의식적으로든 무의식적으로든 행하고 있는 많은 일들은 우리가 그 일들에 나름대로 가치를 두고 있기 때문에 하고 있는 것입니다. 남들 보기에는 하찮은 일이나 심지어는 어떤 부끄러운 일이라 할지라도 나름대로 의미와 가치를 두고 있기 때문에 하고 있는 것입니다. 그러므로 우리가 자신의 행동을 제어하고 어떤 부끄러운 행위로부터 떠나고자 하여도 그런 일에 대한 가치관이 바뀌지 않는 한 스스로의 어떤 노력만으로는 그 행위를 떠나 하나님이 원하시는 높은 수준의 경건한 삶을 살기란 불가능한 일입니다. 하나님이 원하시는 아름다운 수준의 삶을 살 수 있는 비결은 스스로의 노력으로 자신의 행동을 제어하고자 하는 데서 오는 것이 아니라 근본적인 가치관을 바꾸는 데서 오는 것입니다.

그러면 우리의 가치관은 어디에 두어야 하겠습니까? 그리스도의 제자가 갖는 가치관은 공자나 석가나 다른 어떤 위대한 인물의 제자들이 갖는 가치관보다도 높은 곳에 있어야 합니다. 그리스도는 가장 높은 곳에 계신 하나님 자신이시기 때문입니다. 그러므로 우리의 가치관은 바로 이 땅에 있는 것이 아니라 위엣 것 곧 하늘나라에 있어야 하는 것입니다. "그러므로 너희가 그리스도와 함께 다시 살리심을 받았으면 위엣 것을 찾으라. 거기는 그리스도께서 하나님 우편에 앉아 계시느니라. 위엣 것을 생각하고 땅엣 것을 생각지 말라. 이는 너희가 죽었고 너희 생명이 그리스도와 함께 하나님 안에 감취었음이니라"(골로새서 3:1-3). 땅에 있는 보이는 것은 잠깐이지만 위엣 것은 영원한 것입니다. 그러므로 위엣 것은 영원한 가치를 지니고 있는 것입니다. 성경 말씀은 영원한 것 세 가지를 보여 주고 있습니다.

이사야 40:28에 보면 하나님께서 영원하시다고 하였습니다. "너는 알지 못하였느냐? 듣지 못하였느냐? 영원하신 하나님 여호와, 땅 끝까지 창조하신 자는…" 또한 요한일서 2:17, 요한복음 5:28-29에 보면 인간의 영혼은 영원하다고 하였습니다. "이 세상도 그 정욕도 지나가되 오직 하나님의 뜻을 행하는 이는 영원히 거하느니라"(요한일서 2:17). "이를 기이히 여기지 말라. 무덤 속에 있는 자가 다 그의 음성을 들을 때가 오나니 선한 일을 행한 자는 생명의 부활로 악한 일을 행한 자는 심판의 부활로 나오리라"(요한복음 5:28-29). 또 베드로전서 1:24-25에 보면 하나님의 말씀은 영원하다고 하였습니다. "풀은 마르고 꽃은 떨어지되 오직 주의 말씀은 세세토록 있도다 하였으니, 너희에게 전한 복음이 곧 이 말씀이니라."

그러므로 위엣 것을 찾는다고 하는 것은 하나님을 찾는 것이며, 인간의 영혼을 인도하기 위해서 자신을 투자하는 삶이며, 또한 하나님의 말씀을 알고 이 말씀을 즐기며 이 말씀대로 순종하며 사는 삶을 의미하는 것입니다. 그리스도의 제자가 추구해야 할 참된 가치관은 이와 같이 말씀에, 그리고 사람에게, 또한 하나님께 두어져야 하며 이것을 위하여 자신의 시간과 관심과 재물 등 모든 것을 사용할 줄 알아야 합니다.

이러한 가치관을 모를 때 마음이 흔들리게 됩니다. 사람의 성격이 잘못되거나 심지가 견고치 못해서 자주 흔들리고 죄 가운데 빠지기보다는 마음의 중심에서 그 가치관이 변화받지 못했기 때문에 그런 것입니다. 가치관은 지식적으로 이해하는 것 정도로는 변화되지 않습니다. 우리는 성령으로 말미암아 영적인 가치관을 깨닫고 변화되어야 합니다. 그렇게 되면 우리 마음이 그것으로 불타게 되며 참으로 모든 것을 버릴지라도 이 영원한 가치가 있는 것을 위하여 살고자 하는 깊은 동기력을 얻게 되는 것입니다. 사도 바울은 바로 이와 같이 그리스도 안에서 영원한 가치를 발견하였기에 그의 온 생애 동안 이 일에 자신을 투자하는 삶을 살 수 있었던 것입니다. "그러나 무엇이든지 내게 유익하던 것을 내가 그리스도를 위하여 다 해로 여길 뿐더러 또한 모든 것을 해로 여김은 내 주 그리스도 예수를 아는 지식이 가장 고상함을 인함이라. 내가 그를 위하여 모든 것을 잃어버리고 배설물로 여김은 그리스도를 얻고 그 안에서 발견되려 함이니…"(빌립보서 3:7-9).

4. 은혜와 지식의 균형

그리스도인의 삶을 배우는 데 있어서 또 한 가지 중요한 것은 그리스도의 은혜와 지식의 균형을 유지하는 것입니다. 진리의 지식은 무시하고 은혜만 주장할 때에는 정해진 기준에서 벗어나 자칫 무질서하고 감정적이며 자기 잘못에 대한 책임을 지지 않으려 하며 규모 없는 삶을 살기가 쉽습니다. 이런 사람은 영적인 훈련을 거부하고 그 가치를 무시하는 것입니다. 반면에 은혜에 대하여는 무관심하면서 지식만 키우게 되면 자칫 비판에 빠지기 쉽고 감정적으로 메마르며 인간관계에서는 항상 다른 사람과 부딪치는 등의 어려움을 느끼게 됩니다. 이렇게 되면 그야말로 지식적으로는 다른 사람을 가르치고 혹은 배우는 일이 가능할지 모르나 삶의 현장에서 서로 마음을 나누며 가르치고 배우는 일은 불가능해집니다. 그리고 쌓인 지식으로 인하여 스스로 교만해지기가 쉽습니다. 그렇기 때문에 베드로후서 3:18에서는, "오직 우리 주 곧 구주 예수 그리스도의 은혜와 저를 아는 지식에서 자라 가라"고 말씀하시며 은혜와 지식의 균형을 유지하는 가운데 성장해 갈 것을 권면하고 있는 것입니다.

그러면 우리는 어떻게 하면 이 두 가지가 균형 잡힌 가운데서 성장해 나갈 수 있겠습니까? 해답은 주님 안에 거하는 삶을 통하여 그분을 닮는 데 있습니다. 주님 안에는 은혜와 진리의 지식이 충만히 있기 때문입니다. 요한복음 1:14 말씀은 육신을 입고 오신 예수 그리스도 안에 어떻게 은혜와 진리가 충만히 함께하고 있는가를 보여 주고 있습니다. "말씀이 육신이 되어 우리 가운데 거하시매 우리가 그 영광을 보니 아버지의 독생자의 영광이요 은혜와 진리가 충만하더라." 이처럼 은혜와 진리가 충만하신 주님 안에 거하며 지속적으로 배우는 사람이 될 때 주님께서는 자신의 충만하신 은혜와 진리로 우리를 채워주사 주님의 형상을 닮은 균형 잡힌 주님의 제자가 되도록 해주실 것입니다.

너희가 내 안에 거하고 내 말이 너희 안에 거하면 무엇이든지 원하는 대로 구하라. 그리하면 이루리라. (요한복음 15:7)

VI. 배움의 장애물들

1. 교만

디모데전서 6:4 말씀에 보면, "저는 교만하여 아무 것도 알지 못하고…"라고 한 말씀이 있습니다. 지금 이 사람은 배우는 기회가 없어서 아무것도 알지 못하는 것이 아닙니다. 열심히 배워도 아무것도 알지 못하는데, 그 이유는 한마디로 교만하기 때문이라고 했습니다. 처칠은 언젠가, "나는 배우기를 원하나 가르침받기는 원하지 않는다"고 말했다고 하는데, 이런 태도는 결코 그리스도인이 가질 태도가 아닙니다. 자기 혼자서만 배우고 남이 가르치는 것은 원치 않는 사람은 영적으로 발전할 수가 없습니다. 왜냐하면 교만한 사람은 자기의 마음을 개방하지 않고 닫아 놓고는 다른 사람의 어떤 교훈이나 도전을 받아들이지 않기 때문이며, 또한 교만한 자는 바로 하나님께서

대적하시기 때문입니다(베드로전서 5:5-6 참조).

인간의 교만은 몇 가지 유형으로 나누어 생각해 볼 수 있는데, 첫째로 개인적인 교만이 있습니다. 이것은 자기 자신을 남과 비교하여 더 우월하다고 생각하거나 혹은 우월한 것처럼 나타내고자 할 때 생기는 교만입니다. 자기가 다른 사람보다 더 낫다, 더 잘났다, 더 배웠다, 더 잘 안다, 혹은 더 나이가 많다 하는 생각 속에 담긴 것이 바로 개인적인 교만입니다. 때때로 보면 특별히 한국 사회에서는 나이로 인한 교만 때문에 배우는 데에 문제가 일어나곤 합니다. 우리는 자기보다도 나이가 어린 사람으로부터도 마땅히 배워야 할 때가 있습니다. 그럼에도 불구하고 단지 자기가 나이가 더 많다는 이유만으로 배우지 못하는 사람들이 많이 있는 것을 보게 될 때 안타까움을 느낍니다.

그런데 나이가 많다는 것이 뭐 그리 대단한 일인지, 그렇게 집착해야 할 필요가 있는지, 다시금 생각해 볼 필요가 있습니다. 관점을 바꾸어 보면 어떤 면에서 나이가 많다는 것은 죄 많은 이 세상에 조금 일찍 태어나 죄를 좀 더 많이 지었다는 것밖에 별 의미가 없는 경우도 있는 것입니다. 나이로 인하여 별다른 자랑거리가 없다면, 이런 것 가지고 교만하여겨 제대로 배우지 못한다는 것은 참으로 어리석은 일인 것입니다.

다음에는 국가적 혹은 민족적인 교만이 있을 수 있습니다. 나는 미개한 어떤 나라 사람보다 더 발전된 나라 사람이다, 나는 선진국 사람이므로 저개발 국가의 어떤 나라 사람보다 낫다는 식으로 생각하는 것이 이런 유형의 교만입니다. 이런 교만이 또한 배우는 것을 방해합니다. 여행을 하며 여러 나라 사람들을 만나 보게 되면 그 첫인상이 참으로 가까이하고 싶은 나라의 사람도 있지만 어떤 나라 사람의 경우는 호감이 가지 않는 인상으로 인하여 가까이하기가 꺼려지는 때도 있습니다. 그런데 국제회의 등에서 이런 사람들과도 함께 이야기할 기회가 있어 들어 보면 제 자신은 지금까지 전혀 체험하지 못한 놀라운 것을 나누어 주는 것을 보곤 했습니다. 저의 마음이 이럴 때 어떤 민족적인 교만, 혹은 그의 출신 국가가 우리나라보다 못하다는 생각 때문에 그런 사람과 대화하기를 꺼려했다면 참으로 귀중한 배움의 기회를 잃어버렸을 것입니다. 어떤 식으로든 내 마음에 있는 교만을 꺾는 순간부터 하나님께서는 그런 사람을 통하여 나에게 많은 것을 가르쳐 주셨던 것을 기억하고 있습니다.

셋째로 종교적인 혹은 교육적인 교만이 배우는 데에 큰 장애물이 됩니다. 자기는 대학을 나오고 어떤 학위를 받았는데, 자기를 가르치는 사람은 전혀 그런 것이 없다고 생각하며 마음을 열지 않음으로 인하여 배우지 못하는 경우가 있습니다. 또 자기는 그보다 더 많은 종교적 경험과 배경을 가지고 있다든지, 더 정통주의 신앙이라든지 하는 마음 때문에 남의 가르침에 전혀 마음을 열지 않는 경우가 있습니다. 이러한 생각 속에 있는 교만이 주님께서 주위의 여러 영적인 사람들을 통하여 가르쳐 주시고자 하는 것을 깨닫지 못하게 하는 것입니다. 만약 하나님이 허락하신 어떤 사람에게서 배울 것이 없다고 생각하는 사람이 있다면 그 사람은 그와의 관계로부터 바로 겸손을 배워야 하는 것입니다. 그런 사람은 자기 자신을 먼저 스스로 가르쳐 자신의 태도부터 바꾸어야 합니다. 사람으로부터 배우지 못하는 사람은 사실 하나님께로부터도 잘 배우지 못하는 것입니다.

잠언 15:32에 "훈계받기를 싫어하는 자는 자기의 영혼을 경히 여김이라"고 했습니다. 혹시 훈계받을 때 훈계의 내용은 옳지만 훈계하는 사람은 싫어하는 마음의 태도를 품은 적이 없습니까? 이것이 바로 교만입니다. 이런 식의 마음의 태도가 있을 때 이 사람은 훈계의 내용을 귀로 듣긴 들었어도 훈계를 받은 것은 아닙니다. 훈계를 받는다는 것은 그 내용만 받는 것이 아니라 먼저 그 훈계한 사람을 받아야 하는 것입니다. 마치 예수님의 교훈을 받고 예수님을 배우는 것이 교훈의 내용만 아니라 예수님 자체를 받는 것을 의미하는 것처럼 사람으로부터 어떤 교훈을 받는다는 것도 그 교훈의 내용만 아니라 그 사람 자체도 받는 것이어야 합니다.

2. 두려움

두려워하고 겁내는 것은 전폭적인 헌신의 마음이 없을 때 생기는 것입니다. 디모데후서 1:7에 보면, "하나님이 우리에게 주신 것은 두려워하는 마음이 아니요, 오직 능력과 사랑과 근신하는 마음이니"라고 하였습니다. 주님을 알기 전에 가졌던 수많은 두려움들이 예수님을 영접한 후에 사라졌지만 아직도 우리에게는 여러 가지 두려움이 남아 있는 것을 보곤 합니다. 어떤 일의 결과에 대한 두려움, 다른 사람의 비판에 대한 두려움, 자기 자신의 능력에 대한 두려움, 값을 지불하는 것에 대한 두려움 등 많은 두려움이 남아 있는 것을 봅니다.

배우는 일에는 비판을 듣고, 실수에 대한 책망을 듣고, 값을 지불하는 것은 어쩌면 필수적인 것입니다. 그러므로 이것을 두려워하는 사람은 배우지 못하게 되는 것입니다. 어떤 단체나 기관, 또는 팀에서 그 책임자가 내린 결정들 이면에는 많은 경우 그것에 대한 반대 의견들이 있었을 것입니다. 반대 의견들에 대한 두려움 때문에 그 책임자가 어떤 결정들을 내리지 못한다면 그는 결국 아무 일도 못하는 사람이 되고 말 것입니다.

우리가 주님을 배우며 제자로 성장해 가는 과정에서 두려워하는 것이 많이 있을 것입니다. 그러나 그런 두려움을 주님을 믿는 믿음 안에서 없애 버려야 하는 것입니다. 하나님이 우리에게 주신 것은 결코 두려워하는 마음이 아니기 때문입니다. 어린아이들과 어른 중에 누가 더 두려움이 많겠습니까? 대개 아이들이 두려움이 많을 줄로 생각할 것입니다. 그러나 배우는 일에서만큼은 어른들이 더 두려워하는 것을 봅니다. 나이 든 사람들이 잘 배우지 못하는 것은 겁이 많아서 그런 것입니다. 새로운 것을 배우기보다는 그럭저럭 지내기를 원하기 때문에 그런 것입니다.

3. 성공

 성공이라는 장애물이 또한 우리가 배우는 일에 방해가 되곤 합니다. 제가 알고 있는 목사님 중에 한 분이 젊은 시절에 저와 함께 제자삼는 사역과 연관된 성경공부를 꾸준히 성실하게 한 적이 있었습니다. 그러나 그가 교회 일이 커지기 시작하면서부터는 수많은 바쁜 일들 때문에 저와 정기적인 교제를 못 갖고 성경공부도 중단되었습니다. 이때부터 그는 더 이상 배우고 발전하는 면에서 멈추고 말았습니다. 그는 그동안 배운 것을 가지고 사역에 잘 활용하여 어느 수준에서는 성공하였지만 이 성공이 그만 그가 그 이상으로 발전하도록 배우는 일에서는 방해가 되었던 것입니다. 성공에 취하는 것은 위험합니다. 왜냐하면 배우는 일의 필요성을 잊게 만들기 때문입니다.

 또 성공은 사람을 자칫 바쁘게 만들 수 있습니다. 여기저기서 초청하는 데가 많아지면서 이에 응하다 보면 그 자신이 듣고 읽고 생각할 시간이 없어지는 것입니다. 이렇게 되면 성공한 순간부터 이 사람은 서서히 퇴보해 가는 것입니다. 그의 성공이 마련한 환경이 그 자신을 점점 배우지 못하는 분위기 가운데로 몰아가고 있는 것입니다.

어떤 권투 선수가 세계 타이틀을 쟁취했습니다. 그때부터 여러 방송국에서 인터뷰를 요청해 오고 그의 인기 덕분에 여러 곳에서 광고 모델로 출연해 달라는 주문이 쇄도했습니다. 손님들이 날마다 찾아와 접대하느라고 바쁜 나날을 보냈습니다. 그리하여 정작 권투 연습을 하며 체력을 단련할 시간은 내지 못하는 정도가 되었습니다. 그때부터 이 사람은 실패하기 시작했습니다. 결국 그의 성공은 한 번 혜성처럼 반짝 나타났다가 끝나 버리는 물거품처럼 되어 버렸습니다. 사실 그가 타이틀을 쟁취한 다음에 해야 할 일은 성공에 취해 있는 일이 아니라 다음번 시합을 대비하여 비지땀을 흘리며 열심히 훈련하고 배우는 일이었던 것입니다.

그런데 많은 사람들이 어떤 작은 일을 성취해 놓고, 작은 성공에 취한 나머지 그만 결정적인 실패를 경험하게 되는 것을 봅니다. 테니스를 칠 때 어쩌다가 상대방이 보낸 매우 까다로운 공을 너무나 멋있게 받아 넘겨 상대방 코트에 들어가게 하는 경우가 있는데, 이 성공에 취한 나머지 방심하다가 상대방이 또다시 쳐 넘기는 공을 다시 받아 넘기지 못하는 경우가 있습니다. 이처럼 성공에 취해 있는 것은 위험한 것입니다. 성공은 오직 새 출발을 하는 단계에

불과하다는 것을 늘 염두에 두어야 합니다.

누에가 자라는 것을 유심히 관찰해 보면 몇 차례 허물을 벗는 것을 알 수 있습니다. 어느 수준까지 성장한 이후에는 허물을 벗고 그때부터 새로이 자라기 시작합니다. 이만큼 성장했으니 족하다 하고 지금까지의 허물을 그대로 뒤집어쓰고 있는 것이 아니라 미련 없이 벗어 버립니다. 그러고 나서 더욱더 성장합니다. 우리의 영적인 삶에서도 이와 같이 옛날의 껍질을 벗어 버리고 새로운 출발을 할 줄 아는 태도가 필요합니다.

마태복음 9:13에 보면, "너희는 가서 내가 긍휼을 원하고 제사를 원치 아니하노라 하신 뜻이 무엇인지 배우라"고 하신 말씀이 있습니다. 여기에서 예수님께서는 가서 배우라고 말씀하신 것입니다. 가서 배우라고 하신 말씀은 처음부터 다시 배우라, 또는 처음부터 다시 시작하라, 성공에 취해 있지 말고 다시 시작하여 배우라는 뜻입니다. 여기서 긍휼을 원하신다는 것은 사람의 것으로가 아니라 하나님의 것으로 살 것을 원하신다는 의미입니다. 자신의 성공이나 어떤 일의 성취 결과에 취해 자신의 힘을 의지하지 않고 주님의 불쌍히 여기심과 은혜의 도우심을 의지하며 사는 것이 긍휼과 연관된 삶입니다. 반면에 제사는 인간 자신이 무언가를 스스로 성취했고 성공을 거두었으며 자기가 무언가를 드렸다고 하는 것으로 만족해하는 것입니다. 그런데 하나님께서는 제사를 원하시는 것이 아니라 긍휼을 원하신다고 하셨기 때문에 우리는 성공에 취한 자기 의를 벗어 버리고 가서 무엇보다도 주님의 긍휼을 배워야 합니다. 우리는 실패하거나 죄를 범했을 때에만 긍휼을 필요로 하는 것이 아니라 성공했을 때에도 주님의 긍휼을 필요로 하는 것입니다. 그러므로 나의 제사의 공적, 사역의 성공, 기타 눈부신 자랑거리들을 벗어 버리고 하나님께 나아와 항상 하나님의 긍휼을 배워야 참된 영적 성공을 경험합니다.

호세아 6:6 말씀에서 하나님께서는, "나는 인애를 원하고 제사를 원치 아니하며 번제보다 하나님을 아는 것을 원하노라"고 말씀하셨습니다. 사무엘상 15:22 말씀에서도 하나님께서는 다른 제사나 번제보다도 주님의 목소리를 청종하는 것 즉 배우고 순종하는 삶을 사는 것을 원하신다고 했습니다. 우리도 아침에 깨면 새 날을 주신 것에 감사하고, "주여, 내가 주님의 긍휼과 인애를 배우기를 원하오니 가르쳐 주옵소서! 또 주님을 배우는 일에 게으르지 말고 겁내지 않으며, 성공에 취해 나태하지 아니하며, 늘 어린아이같이 단순한 마음의 태도 가운데 열심을 다하여 배우게 하소서!" 하고 매일 새롭게 기도함으로 하루를 시작해야 합니다.

VII. 적용의 중요성

그리스도인이 영적인 삶을 배우는 것은 단지 새로운 성경 지식을 많이 늘려 나가는 것으로 되지 않습니다. 우리는 말씀을 적용함으로써, 즉 지식으로 배운 것을 실제 삶에 활용함으로써 배워야 합니다. 빌립보서 4:9 말씀은, "내게 배우고 받고 듣고 본 바를 행하라"고 권면하고 있습니다. 여러 차례 이야기한 바이지만 배운 것이 머릿속의 지식으로만 남고 적용을 통해 삶에 나타나지 않으면 그것은 도리어 사람을 교만하게 만들어 해가 되기가 쉽습니다. 실천성이 없는 이상론에만 빠져서 다른 사람에게도 덕을 세우지 못하고 자신의 삶에도 아무 변화를 일으키지 못하기 때문입니다.

올바른 적용은 과연 어떻게 해야 하는 것입니까? 먼저 진리의 내용을 올바르게 이해해야 합니다. 다음에는 그 진리의 내용에 비추어 볼 때 자신의 실제적인 필요와 문제점이 무엇인가를 잘 알아야 합니다. 적용은 자신의 문제를 진리의 수준으로 해결하고 그 필요를 채우는 데에 실제적으로 도움이 되는 것이 되어야 하기 때문입니다. 셋째로, 적용은 실천 가능성이 있는 것이어야 합니다. 경쟁적인 마음으로 너무 지나치게 야심적인 계획을 세우게 되면 잦은 실패를 경험하게 되고 이로 말미암아 도리어 좌절하게 됩니다. 넷째로, 적용은 그 실천 여부를 구체적으로 평가할 수 있는 것이면 더욱 좋습니다.

적용을 위한 도움말

배우는 삶과 연관하여 개인적인 적용을 하는 데에 도움이 되는 질문들을 드립니다. 각자 자신에게 질문해 보고 자신의 필요라고 생각되는 사항들을 기도 가운데 적어 보고 실천하면 많은 유익이 될 것입니다.

> 내가 내 행위를 생각하고 주의 증거로 내 발을 돌이켰사오며 주의 계명을 지키기에 신속히 하고 지체치 아니하였나이다. (시편 119:59-60)

1. 지속적으로 배우는 삶은 나의 일생에 있어서 왜 중요한가?
   (배우는 삶을 살지 않을 때 어떤 결과가 나타날 것인지 생각해 보고 배우는 삶의 개인적인 의의와 목적 등을 적어 보십시오.)

2. 잘 배우기 위하여 나에게 좀 더 필요한 것은 무엇인가?
   (배우는 태도, 환경, 기타)

3. 현재 나의 주변에 있는 것 중에 내게 배움의 통로가 될 수 있는데 활용되지 않고 있는 것은 무엇인가?
(사람, 사물, 환경 등)

4. 현재 내가 배우는 삶을 사는 데에 방해가 되고 있는 것들은 무엇인가?
(그런 장애물이 있다면 어떻게 극복할 것인가 구체적인 실천 방안을 적어 보십시오.)

* 네비게이토 소책자 시리즈 *

1. 성경암송을 통하여 주님께로 돌아오다 ·················· 도슨 트로트맨
2. 시대의 요청 ·· 도슨 트로트맨
3. 재생산을 위한 출생 ·· 도슨 트로트맨
4. 수레바퀴 예화 ··· 네비게이토
5. 일대일 사역 ··· 잭 그리핀

6. 제자의 특징 ·· 론 쎄니
7. 하나님의 뜻을 아는 법 ·· 러쓰 존스톤
8. 기도의 하루를 보내는 방법 ·· 론 쎄니
9. 기도 응답을 받는 방법 ·· 제리 브릿지즈
10. 경건한 여인 ··· 라일라 스팍스

11. 전도를 즐기는 삶 (영문판 : A Life That Enjoys Evangelism) ····· 하진승
12. 섬김을 위한 부르심 ·· 레이 호
13. 정 직 ··· 헬렌 애쉬커
14. 그리스도를 닮아감 ··· 짐 화이트
15. 최후의 승리를 얻기까지 ··· 월터 헨릭슨

16. 전도의 열정 ··· 로버트 콜만
17. 영적인 의지력 ·· 제리 브릿지즈
18. 사고방식의 변화 ·· 조지 산체스
19. 대인 관계의 성서적 지침 ··· 조지 산체스
20. 말씀의 손 예화 ··· 네비게이토

21. 열 심 (영문판 : ZEAL) ·· 하진승
22. 원만한 결혼 생활 ··· 잭 & 캐롤 메이홀
23. 조지 뮐러 ··· A. 심즈
24. 말씀 중심의 삶 ·· 하진승
25. 주제별 성경 암송 제1권 ·· 네비게이토

26. 주제별 성경 암송 제2권 ·· 네비게이토
27. 주제별 성경 암송 제3권 ·· 네비게이토
28. 서로 돌아보아 ··· 하진승
29. 양 육 ·· 네비게이토
30. 경건이란 무엇인가 ·· 제리 브릿지즈

31. 권위와 복종 ··· 론 쎄니
32. 고난 중 도우시는 하나님 ··· 샌디 에드먼슨
33. 기도의 특권을 누리자 ··· 하진승
34. 은혜로운 말 ·· 캐롤 메이홀
35. 하나님을 의뢰함 ··· 제리 브릿지즈

36. 친밀한 부부 관계의 원리 ······································· 짐 & 제리 화이트
37. 배우는 자로 살자 (영문판 : Live as a Learner) ······················ 하진승
38. 합력하여 선을 이루시는 하나님 ································· 리처드 크렌즈
39. 고난 중의 소망 ·· 덕 스팍스
40. 청년의 시기를 어떻게 보낼 것인가 (영문판 : How to Live Out Our Youth) ··· 하진승

∗ 네비게이토 소책자 시리즈 ∗

41. 약속을 주장하는 삶 ·· 덕 스팍스
42. 경건의 시간을 갖는 법 ······························· 워렌 & 룻 마이어즈
43. 개인의 중요성 ·· 론 쎄니
44. 헌 신 ·· 로버트 보드만
45. 내가 배운 교훈들 ·· 오스왈드 샌더스

46. 하나님의 말씀은 ·· 하진승
47. 현숙한 여인 ··· 신시아 힐드
48. 어떻게 친구를 사귈 것인가 ···························· 제리 & 메리 화이트
49. 외로움을 느낄 때 ··· 엘리자베스 엘리엇
50. 하나님께서는 당신의 직업을 귀히 여기신다 ········· 셔먼 & 헨드릭스

51. 자녀의 자부심을 키워 주는 법 ················ 게리 스몰리 & 존 트렌트
52. 직장 생활에서 낙심될 때 ·· 덕 셔먼
53. 스트레스를 다루는 법 ·· 단 워릭
54. 서로 의견이 엇갈릴 때 ······························· 잭 & 캐롤 메이홀
55. 그리스도인의 삶의 올바른 동기 ·································· 하진승

56. 나를 기뻐하시며 사랑하시는 하나님 ····················· 룻 마이어즈
57. 제자삼는 삶의 동기력 ·· 짐 화이트
58. 기도 - 보이지 않는 적과의 싸움 ······················· 제리 브릿지스
59. 효과적인 간증 ·· 데이브 도슨
60. 감격하며 살아야 할 그리스도인 ·································· 하진승

61. 믿음의 경주 ··· 잭슨 양
62. 사도 바울의 영적 지도력 ··································· 오스왈드 샌더스
63. CARE(서로 보살피는 부부) ·· 하진승
64. 참 특이한 기도(PPP : Pretty Peculiar Prayers) ············ 하진승
65. 모세의 순종 ··· 윙킴톡

66. 상급으로 주신 자녀 ·· 하진승
67. 하나님께서 쓰시는 사람 ······································ 월터 헨릭슨
68. 기도의 본 ··· 워렌 & 룻 마이어즈
69. 다윗의 한 가지 소원 ·· 조이스 터너
70. 생명을 구하는 삶 ······································ 피터슨 & 드렐켈드

71. 순종의 축복 ·· 마르다 대처
72. 참 좋으신 하나님 아버지 ····································· 리로이 아임스
73. 하늘에 보물을 쌓는 삶 ·· 잭 메이홀
74. 거룩 : 하나님께 성별된 삶 ··································· 헬렌 애쉬커
75. 가정의 중요성 (영문판 : Importance of Home & Family) ······ 하진승

76. 날마다 제 십자가를 지고 (영문판 : Taking Up the Cross Daily) ····· 하진승
77. 제자의 올바른 태도 ··· 론 쎄니
78. 주님의 부르심을 따라가는 삶 ······································ 하진승

배우는 자로 살자

1990년 11월 27일 초판 1쇄 발행
2009년 3월 25일 개정 1쇄 발행
2023년 10월 20일 개정 4쇄 발행

펴낸곳: 네비게이토 출판사 ©
주소: 03784 서울시 서대문구 연희로 16 (창천동)
전화: 02) 334-3305(대표), 334-3037(주문), FAX: 334-3119
홈페이지: http://navpress.co.kr
출판등록: 1973년 3월 12일 제10-111호
ISBN 978-89-375-0339-9 02230

본 출판사의 서면 허락 없이는 본서의 전부 또는
일부의 무단 복제, 또는 원문에 대한 무단 번역을 금합니다.